O que é poder?

Dados Internacionais de Catalogação na Publicação (CIP)
(Câmara Brasileira do Livro, SP, Brasil)

Han, Byung-Chul
   O que é poder? / Byung-Chul Han ; tradução de
Gabriel Salvi Philipson. – Petrópolis, RJ : Vozes, 2019.

   Título original : Was ist Macht?
   Bibliografia

   1ª reimpressão, 2019.

   ISBN 978-85-326-6003-9

   1. Ética 2. Poder (Ciências Sociais)
3. Poder (Filosofia) I. Título.

18-22192   CDD-303.3

Índices para catálogo sistemático:
1. Poder : Aspectos sociais   303.3

Cibele Maria Dias – Bibliotecária – CRB-8/9427

BYUNG-CHUL HAN
O que é poder?

Tradução de Gabriel Salvi Philipson

Petrópolis

© 2005 Philippe Reclam jun. GmbH & Co. KG, Stuttgart

Título do original em alemão: *Was ist Macht?*

Direitos de publicação em língua portuguesa – Brasil:
2019, Editora Vozes Ltda.
Rua Frei Luís, 100
25689-900 Petrópolis, RJ
www.vozes.com.br
Brasil

Todos os direitos reservados. Nenhuma parte desta obra poderá ser reproduzida ou transmitida por qualquer forma e/ou quaisquer meios (eletrônico ou mecânico, incluindo fotocópia e gravação) ou arquivada em qualquer sistema ou banco de dados sem permissão escrita da editora.

CONSELHO EDITORIAL

Diretor
Gilberto Gonçalves Garcia

Editores
Aline dos Santos Carneiro
Edrian Josué Pasini
Marilac Loraine Oleniki
Welder Lancieri Marchini

Conselheiros
Francisco Morás
Ludovico Garmus
Teobaldo Heidemann
Volney J. Berkenbrock

Secretário executivo
João Batista Kreuch

Editoração: Fernando Sergio Olivetti da Rocha
Diagramação: Sheilandre Desenv. Gráfico
Revisão gráfica: Alessandra Karl
Projeto de capa: Pierre Fauchau
Adaptação de capa: Editora Vozes

ISBN 978-85-326-6003-9 (Brasil)
ISBN 978-3-15-018356-4 (Alemanha)

Editado conforme o novo acordo ortográfico.

Este livro foi composto e impresso pela Editora Vozes Ltda.

Sumário

Prefácio, 7
Lógica do poder, 9
Semântica do poder, 51
Metafísica do poder, 93
Política do poder, 131
Ética do poder, 169
Referências, 207

Prefácio

Ainda existe em relação ao conceito de poder um caos teórico. Opõe-se à evidência do seu fenômeno uma obscuridade completa de seu conceito. Para alguns, significa opressão. Para outros, um elemento construtivo da comunicação. As representações jurídica, política e sociológica do poder se contrapõem umas às outras de maneira irreconciliável. O poder é ora associado à liberdade, ora à coerção. Para uns, baseia-se na ação conjunta. Para outros, tem relação com a luta. Os primeiros marcam uma diferença forte entre poder e violência. Para outros, a violência não é outra coisa senão uma forma intensiva de poder. Ele ora é associado com o direito, ora com o arbítrio.

Tendo em vista essa confusão teórica, é preciso encontrar um conceito móvel que possa unificar as representações divergentes. A ser formulada fica também uma forma fundamental de poder que, pelo deslocamento de elementos estruturais internos, gere diferentes formas de aparência. Este livro se orienta por essa diretriz teórica. Desse modo, poderá ser chamado poder qualquer poder que se baseie no fato de não sabermos muito bem do que se trata[1].

---

[1] Cf. LUHMANN, N. "Klassische Theorie der Macht – Kritik ihrer Prämissen" [Teoria clássica do poder – Crítica de suas premissas]. In: *ZeitschriftfürPolitik*, 2, 1969, p. 149-170, aqui p. 149.

Lógica do poder

Normalmente se entende por poder a seguinte relação causal: o poder do *ego* é a causa que gera no *alter*, contra sua vontade, um determinado comportamento. Ele é que faz o *ego* capaz de impor *suas* decisões sem precisar levar em consideração o *alter*. Com isso, a liberdade do *alter* é limitada pelo poder do *ego*. O *alter* sofre a vontade do *ego* como algo alheio a ele. Essa representação comum do poder não é justa à sua complexidade. O acontecimento do poder não se esgota na tentativa de romper a resistência ou de forçar a obediência. O poder não deve adotar a forma de uma coerção. Que uma vontade oposta possa se formar e se deparar com o poderoso, isso testemunha justamente a fraqueza de seu poder. Quanto mais poderoso for o poder, mais *silenciosamente* ele atuará. Onde ele precise dar mostras de si, é porque já está enfraquecido[2].

O poder também não consiste na "neutralização da vontade"[3]. Isso significa que, no que se refere ao desequilíbrio de poder existente do lado do subordinado, não se trata da formação da própria vontade, pois ela já deve estar inscrita na vontade do poderoso. É desse modo que ela é dirigida pelo poderoso na escolha das possibilidades de ações. Há formas

---

[2] É o que percebe, com razão, Ulrich Beck: *"evidência, esquecimento e grandeza do poder se correlacionam de modo positivo.* Pode-se dizer simplesmente: onde ninguém fala sobre o poder é onde é inquestionável, e, em sua inquestionabilidade é, ao mesmo tempo, mais seguro e grande. Onde se fala sobre poder, começa sua derrocada" (BECK, U. *Macht und Gegenmacht im globalen Zeitalter* – Neue weltpolitische Ökonomie. Frankfurt a. M., 2002, p. 105).

[3] Cf. LUHMANN, N. *Macht* [Poder]. Stuttgart, 1975, p. 11ss. "Faticamente, a existência de um acontecimento de poder e de uma decisão antecipatória de poder faz com que seja justamente sem sentido para os subordinados formar uma vontade. E justamente nisso consiste a função do poder: ela torna as cadeias de possíveis causas e feitos independentes da vontade da ação do subordinado – queira ele ou não. A causalidade do poder consiste na neutralização da vontade, não incondicionalmente na refração da vontade do subordinado. Ela também a envolve e justamente quando deveria agir no mesmo sentido, experimentando, então: ele deve, seja como for".

de poder, contudo, que vão além dessa "neutralização do poder". Na verdade, é o sinal de um poder maior que o subordinado *queira* expressamente aquilo que o poderoso queira, que o subordinado siga ou, até mesmo *antecipe*, a vontade do poderoso como *sua própria vontade*. O subordinado pode superdimensionar aquilo que *de qualquer modo* ele faria, tornando-o conteúdo da vontade do poderoso e, com um "sim" enfático, tornar-se poderoso. Desse modo, o mesmo conteúdo de ação recebe no suporte do poder uma outra forma na medida em que a ação do poderoso é afirmada ou interiorizada pelo subordinado como sua *própria* ação. O poder também é, portanto, um *fenômeno da forma*. É decisivo *como* uma ação é *motivada*. O que manifesta que um poder maior esteja em jogo não é o "eu devo, seja como for", mas o "eu quero". Não o "não" interior, mas o "sim" enfático é a resposta a um poder maior[4]. O poder não permite com que

---

4 Se se igualar, em contrapartida, o poder com a coerção e a opressão, ele passa a ser interpretado como a capacidade de dizer "não". Nisso é negligenciado que "sim" na verdade é a expressão de um poder maior. "Sim" não

seja descrito adequadamente pela causalidade, pois ele não funciona aqui como um golpe mecânico que simplesmente altera a direção original de um corpo. Ele se assemelha muito mais com um domínio no qual se movimenta como peças *livres*.

O modelo da coerção não faz jus à complexidade do poder. O poder como coerção consiste em impor suas próprias decisões *contra* a vontade do outro. Ele demonstra uma capacidade muito pequena de mediação. *Ego* e *alter* agem antagonicamente um em relação ao outro. O *ego* não encontra nenhum acolhimento na *alma do alter*. Em contrapartida, contém mais mediação aquele poder que atua não

---

deve corresponder à impotência. Cf. SOFSKY, W. & PARIS, R. *Figurationen sozialer Macht – Autorität-Stellvertretung-Koalition* [Figurações do poder social – Autoridade-substituição-coalizão. Frankfurt a. M., 1994, p. 9: "Uma sociedade sem poder seria uma sociedade em que não se diz sim. Quem quisesse aboli-la, deveria despojar toda a capacidade de poder dizer não. Pois a ação de um acaba na oposição do outro, de sua autonomia e liberdade irrecorríveis de fazer algo diferente do que se esperava dele. Ao contrário, o poder tem lugar. Ele amplia a liberdade de um perante o outro, na medida em que quebra seu não, que nega sua liberdade. O poder é a liberdade de aniquilação da liberdade".

contra o projeto de ação do outro, mas *a partir dele*. Um poder maior é, assim, o que forma o futuro do outro, e não o que o bloqueia. Em vez de proceder contra uma determinada ação do *alter*, ele influencia, adapta ou persuade as condições prévias da ação do *alter* de tal modo que sua decisão corresponde à vontade do *ego* de *livre-vontade*, sem qualquer objeção. Sem exercer o poder, o poderoso toma seu lugar na *alma* do outro.

O modelo da causalidade não permite com que relações complexas sejam descritas. Já na vida orgânica não cabe a relação de causalidade. Ao contrário da coisa passiva, sem vida, o organismo não passa simplesmente a funcionar por causas externas sem que adicione as suas próprias. Pelo contrário, ele reage *por conta própria* à causa. Essa capacidade de resposta própria e autônoma à causa externa é justamente o que caracteriza o orgânico. Uma coisa sem vida, em contraste, não *responde*. O que é particular ao ser vivo consiste em interromper as causas externas, transformá-las e começar algo novo por si mesmo. Embora o ser vivo dependa do alimento, por exemplo, este não é a causa de sua vida. Se aqui a questão é a causalidade, é o próprio ser vivo que tem o *poder* de *poder fazer* com que aquilo que lhe é exterior se torne causa para determinados procedimentos orgânicos. Não são, portanto, mera repetição da causalidade externa no interior. Ao contrário, eles são a própria atividade do ser vivo, suas próprias decisões. Ele reage por conta própria ao externo. A causa externa é apenas uma das muitas razões possíveis que é determinada como causa pelo próprio ser vivo. Ela nunca é meramente sofrida pelo ser vivo. A causa externa nunca se realiza sem a atividade ou decisão do interno. Não há um prolongamento imediato do externo no interno como se fosse uma transmissão de energia do movimento de um corpo sobre outro. A categoria da causalidade é ainda menos adequada para descrever a vida *espiritual*. A complexidade da vida espiritual determina a complexidade do fenômeno do poder que não pode ser traduzido como uma relação linear entre causas e efeitos. Ela diferencia o poder da violência física em que se poderia conseguir a simples causalidade da força, da intensidade ou do efeito. E certamente é nessa simplificação que consiste a vantagem da violência física.

O complexo fenômeno do poder está longe de poder ser descrito adequadamente com simples aritméticas. Um ínfimo contrapoder pode causar danos sensíveis ao poder supremo. Com isso, a um pequeno oponente compete grande significado, ou seja, grande poder. Além disso, determinadas constelações políticas podem dar muito poder a um partido ou nação fracos. E as interdependências complexas zelam pela reciprocidade do poder. Se por acaso o *ego* for dependente da participação do *alter*, então ocorre uma relação de dependência entre o *ego* e o *alter*. O *ego* não mais pode ter a pretensão de se impor sem que se considere o *alter*, pois este tem sempre a possibilidade de reagir à coerção do *ego* com o encerramento de sua colaboração, o que deixaria o *ego* em situação complicada. Desse modo, a dependência do *ego* em relação ao *alter* pode ser percebida e colocada, a partir do que foi exposto, como uma fonte do poder. É possível até mesmo que os muito fracos transformem sua impotência em potência na medida em que façam uso habilidoso das normas culturais.

Deve-se considerar, além disso, a dialética múltipla do poder. O modelo hierárquico do poder, segundo o qual o poder irradia de cima e de baixo, é adialético. Quanto mais poder tem um poderoso, mais dá instruções em relação ao assessoramento e à participação do subalterno. Ele pode mandar bastante. Mas, por causa da complexidade crescente, na prática o poder é transmitido aos seus consultores que acabam por lhe dizerem o que ele deve mandar. As múltiplas dependências do poderoso tornam-se fontes de poder para os subalternos. Elas levam a uma *dispersão do poder* estrutural.

A opinião de que o poder exclui a liberdade se mantém de modo insistente, todavia. Mas esse não é o caso. O poder do *ego* alcança seu máximo justamente quando o *alter* obedece a sua vontade a partir de sua própria vontade. O *ego* se impõe ao *alter*. O *poder livre* não é um oxímero. Ele significa: o *alter* obedece em liberdade o *ego*. Quem quiser alcançar um poder absoluto deverá fazer *uso* não da violência, mas da liberdade do outro. O que será alcançado no momento em que coincidirem por completo liberdade e sujeição.

O poder que atua pelo comando e o poder que repousa na liberdade e na autoevidência não são, contudo, dois modelos opostos. São apenas diferentes em *aparência*. Se elevados a um plano abstrato, manifestam sua estrutura comum. O poder permite ao *ego ser no outro por si mesmo*. Ele gera uma *continuidade do self*. O *ego* realiza no *alter* suas decisões. É desse modo que o *ego* continua no *alter*. O poder proporciona ao *ego espaços* que são *seus*, nos quais, apesar da presença do outro, ele pode estar em *si mesmo*. Ele capacita ao poderoso voltar a *si*, no outro. Essa continuidade pode ser alcançada seja pela coerção, seja pelo uso da liberdade. No caso da obediência em liberdade, o caráter contínuo do *ego* é bem estável. Ele está *entremeado* no *alter*. A continuidade coercitiva do *self*, em contrapartida, é frágil por falta de mediação. Mas em *ambos* os casos o poder ajuda o *ego* a continuar no *alter*, a estar no *alter* em si mesmo. Se a mediação for reduzida a zero, o poder vira violência. A violência pura transforma o *alter* em uma passividade extrema e leva à falta de liberdade. E passa a não existir uma continuidade *interna* entre o *ego* e o *alter*. Perante uma coisa passiva, nenhum poder é possível de maneira autêntica. Assim sendo, violência e liberdade são os dois extremos da escala de poder. Maior mediação gera mais liberdade, ou seja, mais *sensação* de liberdade. É assim que a *forma de aparência* do poder é condicionada por sua estrutura interna de mediação.

O poder é um fenômeno da continuidade. Ele fornece ao poderoso um amplo *espaço do self*. E é essa lógica do poder que deixa claro por que a perda completa de poder é experimentada como uma *perda* absoluta *de espaço*. O corpo do poderoso que, por assim dizer, preenche todo um mundo, encolhe em um pobre pedaço de carne. O rei não tem apenas um corpo natural que falece, mas também um corpo político e teológico que é, pode-se dizer, coextensivo de seu reino. Ao perder o poder, ele é devolvido a esse corpo pequeno, mortal[5].

---

5 Cf. KANTOROWICZ, E.H. *Die zwei Körper des Königs* – Eine Studie zur politischen Theologie des Mittelalters [Dois cor-

A perda de poder, assim, é vivida como uma espécie de morte.

É uma crença equivocada que o poder atue apenas pela repressão ou pela destruição. Mesmo como meio de comunicação, o poder zela para que a comunicação *flua* de maneira veloz em uma determinada direção. Os que estão submetidos ao poder são usados (embora não necessariamente coagidos) para adotarem a decisão do poderoso, ou seja, aquilo que ele escolher fazer. O poder é a "possibilidade" de "aumentar a probabilidade de realização de associações improváveis de decisão"[6]. Ele controla ou direciona a comunicação em uma determinada direção na medida em que faz superar a discrepância possível entre o poderoso e os súditos quanto ao que escolhem fazer. Ele cumpre, assim, a "transmissão das escolhas do que será feito de um ponto de decisão a outro". Com isso, é "limitada a complexidade indeter-

---

pos de rei: um estudo sobre a teologia política da Idade Média]. Munique, 1990.

6 LUHMANN, N. *Macht*. Op. cit., p. 12.

minada das possibilidades de ação humanas"[7].
A *liderança* comunicativa do poder não deve ocorrer de maneira repressiva. O poder não *se baseia* na repressão. Ao contrário, como meio de comunicação, ele atua de maneira construtiva. Luhmann define, pois, o poder como um "catalisador". Catalisadores aceleram a ocorrência de acontecimentos, ou influenciam no andamento de determinados processos, sem que, com isso, se modifiquem. Desse modo, fazem com que se "ganhe tempo". Nesse sentido, o poder também atua de maneira *produtiva*.

Luhmann restringe o poder à constelação comunicativa na qual resida, por assim dizer, no ar, um "não" possível dos que estão submetidos ao poder. A exigência de poder como meio de comunicação ocorre em relação a uma improbabilidade da seleção da decisão de ação, ou seja, em relação a um estrangulamen-

---

[7] LUHMANN, N. Macht und System – Ansätze zur Analyse von Macht in der Politikwissenschaft [Poder e sistema – Notas para uma análise do poder na ciência política]. In: *Universitas. Zeitschrift für Wissenschaft, Kunst und Literatur*, 5, 1977, p. 473-482, aqui p. 476.

to comunicativo[8]. O poder deve transformar o "não" sempre possível em um "sim". Ao contrário da concepção negativa do poder, que sempre diz "não", a função do poder do meio de comunicação consiste em elevar a probabilidade do "sim". O "sim" dos que estão submetidos ao poder não deve ser jubilatório. Mas não é necessário também que seja um efeito da coerção. A positividade ou produtividade do poder como "oportunidade" estende-se até o amplo *intervalo entre o júbilo e a coerção*. A impressão de que o poder é destrutivo ou inibidor surge por se atentar, apenas no interior da constelação pobre de mediação da coerção, para o poder que oprime. Onde o poder, ao contrário, não aparece como coerção, ele acaba quase passando desapercebido. No consentimento, é como se desaparecesse. O juízo negativo sobre o poder surge, portanto, de uma *percepção seletiva*.

---

8 Cf. LUHMANN, N. *Macht*. Op. cit., p. 13: "Apenas quando e enquanto sejam poucos os bons é que o acesso atuante de um torna-se problema do outro, e essa situação é regularizada, então, por um meio de comunicação que transfere a seleção de ações de um em vivência do outro, tornando-o aceitável".

Max Weber define o poder do seguinte modo: "Poder significa a oportunidade, no interior de uma relação social, de impor a própria vontade também contra a resistência, não importa em que tal oportunidade esteja baseada"[9]. Então ele nota que o conceito de "poder" é sociologicamente "amorfo". O conceito sociológico de "dominação", que garante "achar obediência a uma *ordem*", seria, em oposição, "mais preciso". Essa avaliação tem seus problemas. O poder do ponto de vista sociológico certamente não é "amorfo". Essa impressão origina-se de um modo limitado de percepção. Um mundo diferenciado produz fundamentos de poder indiretos, menos evidentes, mas, ainda assim, atuantes. Pela sua complexidade e por seu caráter indireto, o poder atuaria de modo "amorfo". Em oposição à dominação da ordem, o poder não aparece com frequência. O poder do poder consiste justamente no fato de poder induzir sem precisar "ordenar" expressivamente por meio de decisões e ações.

---

9 WEBER, M. *Wirtschaft und Gesellschaft* [Economia e sociedade] – 1 Halbband [Meio tomo 1]. Tübingen, 1976, p. 28.

O poder não é o oposto da liberdade. É justamente a liberdade que diferencia o poder da violência ou da coerção. Luhmann também associa o poder à "relação social na qual *seria possível que ambos os lados agissem de outro modo*"[10]. O poder não se forma, assim, nas ações sob coerção. Mesmo a obediência pressupõe uma liberdade, pois não deixa de ser sempre uma escolha. Já a violência física anula a possibilidade de obediência. Ela é *sofrida* passivamente. A obediência tem mais atividade e liberdade do que o sofrimento passivo da violência. No contexto sempre existe uma alternativa. Além disso, o poderoso também deve ser livre. Pois se ele se ver em uma situação em que esteja obrigado a tomar esta ou aquela decisão, então não é ele que tem o poder, mas, afinal, a situação coercitiva. Ele estaria meramente à sua mercê. O poderoso deve ser livre para *escolher* um determinado procedimento e poder impô-lo. Ele deve ao menos

---

10 LUHMANN, N. *Soziologische Aufklärung 4* – Beiträge zur funktionalen Differenzierung der Gesellschaft [Esclarecimentos sociológicos 4 – Contribuições para a diferenciação funcional da sociedade]. Opladen, 1987, p. 117.

agir na *ilusão* de que sua decisão de fato seja *sua* escolha, de que é *livre*.

Em cada comunicação está a princípio aberto se a decisão do *ego* será aceita ou negada pelo *alter*. O poder do *ego* aumenta, contudo, a probabilidade de que o *alter* cumpra as decisões do *ego*. Assim, Luhmann entende o poder como um meio de comunicação que aumenta a probabilidade da aceitação da decisão do *ego* pelo *alter*. Esse modelo de poder une-o com a ideia de liberdade. Mas a relação de poder está sempre vinculada aqui com a prevenção de uma situação avaliada como negativa. É um exemplo dado por Luhmann que deixa claro como isso acontece: "A ameaça B com um combate físico avaliado negativamente para ambos. Seu poder baseia-se no fato de o combate ter sido menos negativo para ele do que para B e em que existe para ambos os lados uma segunda combinação de alternativas menos negativa, que ambos podem escolher. A maior oportunidade de determinar o que acontece cabe, nessa situação, àquele cuja constelação de alternativas tenha a maior elasticidade, de tal modo que ainda possa aceitar situações que talvez sejam ainda mais desagradáveis ao outro"[11].

Luhmann vincula, portanto, o poder com uma sanção negativa (p. ex., despedimento ou ameaça com outras desvantagens). Para a atividade do poder, o *ego* deve dispor da possibilidade de pressionar pela força uma sanção negativa ao *alter*. A sanção negativa é uma possibilidade de ação que *ambos* os lados, ou seja, *ego* e *alter*, gostariam de evitar, mas o *alter* ainda mais do que o *ego*. Caso o despedimento do *alter* fira mais não este, mas o *ego*, então ele não poderá ser utilizado como meio de poder pelo *ego*. Nesse caso invertido, a possibilidade de rescisão torna-se fonte de poder do *alter*. Nas palavras de Luhmann, isso significa:

---

11 LUHMANN, N. Macht und System... Op. cit., p. 476. Cf. tb.: "A ameaça de conflito direto com a violência física até pode ser um meio de poder bastante efetivo se for pensada independentemente do contexto. Mas para procedimentos complexos, ela é rudimentar. Um sistema que conheça apenas a violência como meio de poder é pobre em diferenciações e muito pouco produtivo. Um sistema complexo depende de mecanismos finos de poder e de controle. Nele, a mera força física tem pouca serventia. Em um sistema complexo, formam-se constelações nas quais meios de poder indiretos, pouco evidentes, funcionam de modo muito mais efetivos do que a ameaça com violência".

"A sansão negativa é apenas uma alternativa pronta – uma alternativa que, caso tudo ocorra dentro da normalidade que o poder estabelece, *ambos* os lados prefeririam evitar a efetivá-la. O poder resulta, assim, do fato de que o poderoso seria capaz de comprar a execução da sanção negativa mais do que os que estão submetidos ao poder. Justamente porque ela não é utilizada e desde que não o seja, há a possibilidade da imposição de sanções negativas pelo poder. É por isso que o poder está no final, se for provocado. Exercer violência física não é uma prática comum do poder, pois expressa sua falência [...]"[12].

A teoria do poder de Luhmann é problemática em vários pontos. Para que ocorra o poder, não é incondicionalmente obrigatório que *ambos* os lados queiram evitar a realização da sanção negativa. Se o poderoso dispor da possibilidade de trocar *facilmente* o subordinado por um outro, então ele não precisa temer a realização da sanção, ou seja, o

---

12 LUHMANN, N. *Soziologische Aufklärung 4*... Op. cit., p. 119.

despedimento real, muito ao contrário do subordinado. Para a formação de uma relação de poder, portanto, não é preciso que exista tal alternativa cuja realização *ambos* os lados gostariam de evitar. Basta que apenas um dos lados queira evitá-la. Essa assimetria não necessariamente reduz o poder do poderoso. Ela provavelmente lhe dá ainda mais poder. Mais poder significa aqui mais liberdade para o poderoso. Ele é livre, pois o outro não constitui mais um limite para sua ação.

A relação de poder não pressupõe nem uma vez, caso bem observada, uma alternativa de prevenção unilateral, ou seja, nem uma vez ela pressupõe a alternativa que apenas o subordinado queira evitar. Se o *alter* adotar a decisão do *ego*, esse consentimento não deve ser resultado do medo de uma sansão negativa. O "sim" do *alter* pode afirmar a decisão do *ego enquanto tal*, e até mesmo sem qualquer *olhar de soslaio* para as alternativas preventivas. O poder do *ego* culmina justamente nesse "sim" enfático do *alter* para o *ego* sem que contenha nem uma pitada de um "hmm, sim".

Para Luhmann, é ao contrário: o exercício do poder baseia-se sempre em um "hmm, sim". Não mero consentimento, mas entusiasmo e excitação produzem um poderoso com muito poder.

O poder aumenta, para Luhmann, de maneira proporcional à densidade crescente de alternativas de ação: "O poder do poderoso é maior, caso possa escolher entre mais e diferentes decisões a serem executadas; e ele é maior também, caso possa fazê-lo através de um parceiro que, por sua vez, possua ainda mais e diferentes alternativas. O poder cresce com liberdades de *ambos* os lados; cresce, por exemplo, em uma sociedade na medida em que gera alternativas"[13]. É claro que é um sinal de liberdade e de poder que o *ego* possua, para a comunicação de poder, uma variedade de possibilidades de ação. E o poder do *ego* comprova também que o *alter*, apesar das possibilidades de ação atrativas das quais dispõe, acompanhe a escolha do *ego*. Mas a liberdade que o *alter* tem por conta de seus espaços

---

13 LUHMANN, N. *Macht*. Op. cit., p. 9ss.

vastos de ação não aumenta necessariamente o poder do *ego*. Ela pode até mesmo desestabilizá-lo. A *sensação de liberdade* do lado do subordinado não depende do número de alternativas das quais dispõe. É muito mais decisiva a estrutura ou a intensidade do "sim" com que o *alter* manifesta ao *ego*. A ênfase do "sim" que gera uma sensação de liberdade é independente da quantidade de possibilidades de ação.

Luhmann parte da suposição "que o poder dos superiores sobre seus subordinados e o poder dos subordinados sobre seus superiores pode ser aumentado ao mesmo tempo pela intensificação da relação"[14]. Ele faz referência nessa citação a uma abordagem da administração que rompe com o modelo hierárquico da interferência: "O líder de departamentos muito produtivos tem um sistema de liderança diferente, melhor do que os de departamentos menos produtivos. Esse sistema melhor garante ao chefe mais influência na medida em que

---

14 LUHMANN, N. Klassische Theorie der Macht – Kritik ihrer Prämissen. Op. cit., p. 149-170, aqui p. 163.

os subordinados oferecem mais possibilidades de interferência"[15]. O superior perde, caso sua decisão não seja completamente aceita pelos subordinados, muito em influência, pois a influência de tomar decisões não coincide com a influência de execução *efetiva* pelos subordinados. É até bem possível que o superior que decide autoritariamente tenha apenas pouca influência no processo de execução. Isso não significa, contudo, que a possibilidade de influenciar os subordinados garanta ao superior mais influência ou até mesmo mais poder. A tentativa do superior de impor sua decisão por meio da ameaça da rescisão ou de outra sanção negativa certamente não aumenta seu poder. Ela gera uma relação de poder, mas que, devido à falta de mediação, é frágil. Teria mais poder caso os subordinados apoiassem sua decisão. Seu poder não cresce, todavia, por seus subordinados terem mais influência sobre ele. A intensificação da capacidade de influência

---

15 LIKERT, R. *Neue Ansätze der Unternehmensführung* [Novas abordagens da administração]. Berna/Stuttgart, 1972, p. 63.

mútua pode elevar a *eficiência* da empresa, mas não aumenta o *poder* dos agentes. Desse modo, a descentralização do poder pode levar a uma maior produtividade. A relação não se intensifica, além disso, simplesmente pelo aumento da capacidade de influência mútua. A intensificação da relação é atingida mais propriamente pela confiança mútua ou pelo reconhecimento mútuo. Além disso, a confiança reduz também a complexidade, o que influencia positivamente o processo de decisão. E é justamente a atmosfera comunicativa de confiança e reconhecimento, que não é idêntica, contudo, à atmosfera do poder, que gera aumento de produtividade. A intensificação da relação não amplia simplesmente a soma de poder. A tese de Luhmann também não é convincente, pois para ele o poder do superior e o dos subordinados aumentariam ao mesmo tempo pela relação intensiva.

O poder, além disso, não deve ser igualado com a influência. A influência pode ser neutra quanto ao poder. Não lhe é inerente a intencionalidade típica do poder que forma um contínuo do *self*. Um subordinado que devido aos seus conhecimentos especiais possa ter muita influência em um processo de decisão, não deve possuir muito poder. A possibilidade de decidir não desemboca em uma relação de poder. Ela deve se *transformar* nisso.

Luhmann escreve o seguinte sobre a violência física: "A formação de poder está em uma relação ambivalente com a violência física. Ela utiliza a violência, por assim dizer, de maneira condicional irreal, ou seja, sob a condição de que a violência não seja utilizada. A violência torna-se virtual, sendo estabelecida como possibilidade negativa"[16]. É verdade que o estado de direito dispõe da possibilidade de utilizar a violência, o que é ativado pela violação da ordem jurídica. Mas isso não significa, contudo, que o estado de direito *baseia-se* na violência ou em outra sanção negativa. O estrabismo da imposição possível da sanção negativa ou de uma utilização possível da violência não é *condição* alguma para que ocorra de maneira positiva o poder. As pessoas evi-

---

16 LUHMANN, N. Macht und System... Op. cit., p. 477.

tam cometer um crime não por medo da pena, mas sobretudo *por reconhecimento da ordem jurídica*, ou seja, porque o direito é minha vontade, é minha própria ação, minha liberdade. Por trás da lei, é claro, há a espada[17]. Mas não *se baseia* nela. E tem pouco poder quem consegue fazer cumprir sua decisão apenas por sanção negativa. Que uma organização disponha de poucas formas de sanção não diz nada sobre quanto poder de fato ela possui. É concebível, pela *lógica do poder*, uma organização poderosa que, no entanto, não conheça sequer uma sanção negativa. A formação do poder segundo a sanção negativa toma de Luhmann também a sensibilidade para a possibilidade de um *poder livre*.

A complexidade crescente de uma organização pode levar a que ela se separe das pessoas que agem, se autonomizando em um todo anônimo[18]. Em Kafka podem ser encon-

---

17 Cf. FOUCAULT, M. *Der Wille zum Wissen* – Sexualität und Wahrheit 1 [A vontade de saber – Sexualidade e verdade 1], Frankfurt a. M., 1977, p. 171.

18 A burocratização e o tornar anônimo da organização constituem, segundo Weber, um poder que atua sem qual-

tradas imagens eloquentes desse processo que também tem como consequência a alienação da pessoa que age. As considerações de Luhmann sobre a organização moderna também soam kafkianas: "[...] segundo a lógica da organização, as coisas mais incomuns são exigidas e impostas: é preciso que o trabalhador fure por horas e horas o mesmo buraco, que o paciente no hospital, mesmo doente, acorde às 6 horas para medir a febre, que o professor preencha relatórios das aulas insignificantes e quase sempre inúteis. Com ajuda desse mecanismo de organização, as decisões mais espantosas de ação podem ser delegadas – ações muito mais amplas e diversificadas do que se fossem motivadas pela violência"[19]. A rigidez

---

quer "carisma". A dominação genuinamente carismática não precisa, para Weber, de serviços públicos, de funcionários ou regulamentos. Nela não há cargos e competências. Weber a contrapõe à "dominação burocrática", por demais atada a regras discursivamente analisáveis. O carisma reduz, justamente por ser estranha a regras, radicalmente a complexidade. Nisso consiste, na verdade, sua sedução. Para toda dominação carismática valeria a sentença: "está escrito – mas eu lhes digo". Cf. WEBER, M. *Wirtschaft und Gesellschaft*. Op. cit., p. 141.

19 LUHMANN, N. Macht und System... Op. cit., p. 479.

da estrutura da organização gera, é sabido, coerção. Luhmann confunde, no entanto, essa coerção com o poder, ao escrever: "Nenhum tirano do passado, nenhum poderoso governante supostamente absolutista de qualquer grande império histórico pôde sequer formar um poder significativo dessa dimensão – medido em número e diversidade de decisões capazes de serem determinadas de maneira exterior. Nem mesmo o terror poderia ter sido alguma vez uma alternativa equivalente de organização"[20]. Luhmann inclui aqui de modo problemático o aumento de decisões determinadas exteriormente como sendo do poder, enquanto em outro lugar ele adota uma interação entre poder e liberdade. Já vimos, pois, que: "o poder aumenta com liberdades em *ambos* os lados; aumenta, por exemplo, em uma sociedade na medida em que gera alternativas". Luhmann torna o poder dependente da decisão e da transmissão de seleção. Quanto mais complexa fica uma organização, mais poder ela tem, ou seja, mais rendimento de sele-

---

20 Ibid., p. 480.

ção ela deve produzir. Essa tese é problemática na medida em que a seleção não é alcançada apenas por meio do poder. O poder não cresce proporcionalmente à quantidade de decisões.

Do ponto de vista da estrutura comunicativa da organização moderna, Luhmann chega à seguinte conclusão: "Apesar de tudo, muita coisa indica que, no curso da evolução social, o mecanismo de poder obedece aos perdedores"[21]. O poder tem muito pouca complexidade, segundo Luhmann, para uma sociedade moderna, pois ele "está num nível por demais concreto". A organização moderna não poderia ser pressionada longamente por um "olho de agulha de determinações de ação que são capazes reciprocamente de se antecipar umas às outras"[22]. O diagnóstico de Luhmann é que o poder obedecerá aos que perderem a evolução social, voltando à sua abordagem teórica do poder, que limita o poder à decisão de ação que se segue de um ser humano a outro ser

---

21 Ibid.
22 Ibid., p. 481.

humano. O poder é o "poder de um ser humano sobre outro ser humano"[23].

Luhmann sabe bem que o exercício de poder como "processo de seleção" é "dependente da estrutura do sistema". O sistema gera uma constelação *determinada* de possibilidades de ação, no interior da qual encontra-se uma comunicação de poder. O poder é, assim, uma *"seleção dependente da estrutura"*. As constelações alternativas nas quais o processo de seleção acontece são determinadas pelo sistema. Os agentes da comunicação de poder são fixados na situação gerada pelo sistema que *prefigura* cada uma das relações de poder interpessoais. Essa prefiguração pode ocorrer até mesmo de maneira *pré-consciente*. A possibilidade de uma prefiguração *pré-reflexiva* fica velada para Luhmann justamente porque a comunicação de poder ocorre, segundo sua teoria do poder, sem exceção na transparência de uma decisão de ação *consciente*. Em sua teoria do poder, não há lugar para a forma de poder

---

23 Ibid.

que se inscreve *para além* da seleção consciente na continuidade que abrange do *ego* ao *alter*.

Por Luhmann tratar apenas do poder em sua relação *linear* entre agentes individuais da comunicação, passa despercebido o poder *espacial* que aparece na forma de uma continuidade, de uma totalidade. O espaço pode influenciar linhas de comunicação mesmo sem que seja especialmente percebido. Com frequência, *o que está ausente* tem mais poder do que o que está presente. O poder espacial pode aparecer também como a *gravitação* que produz toda uma ordem na medida em que reúne forças difusas em uma estrutura. Não é possível descrever seu modo de atuar com a causalidade linear. O poder não atua aqui como causa que gera uma ação específica nos subordinados ao poder. Ao contrário, ela estabelece um *espaço* no qual uma ação recebe em princípio uma direção, ou seja, um *sentido* – um *espaço*, portanto, que precede a *linha* de causalidade ou a cadeia de ações. Ele é um *domínio*, no interior do qual uns têm mais poder do que os outros, ou seja, uns podem ser *mais dominadores* do que outros. O poder gera um *lugar* em que as relações *singulares* de poder estão pré-armazenadas.

O poder gera formas diferentes de continuidade. Já foi assinalado que o poder do *ego* é capaz de *se continuar* no *alter*, de *se* ver *a si mesmo* no *alter*. Ele permite ao *ego* uma *continuidade do self* contínua. O desejo de poder remonta, certamente, dessa *sensação de continuidade* do *ego*.

Cada espaço-poder tem a estrutura do *self* que *se* quer. Embora a estrutura do poder supraindividual não esteja baseada na vontade de um indivíduo singular, possui a constitucionalidade de um *self* que *se* afirma. A figura de um soberano reflete sua estrutura de subjetividade. Cada espaço-poder é uma *continuidade do self*, que *se* mantém perante o outro. Continuidade e subjetividade são elementos estruturais que compartilham todas as formas de aparição do poder.

Além disso, as construções do poder supraindividuais têm uma estrutura diferente de mediação. O todo se comporta com o indivíduo de maneira diferente e correspondente.

Se falta mediação, o todo oprime o indivíduo. Aqui, o poder precisa recorrer a proibições e comandos. Apenas com a coerção o todo *se continua* no indivíduo. Em oposição, quando há mediação intensiva a formação de continuidade ocorre sem coerção, pois o indivíduo experimenta o todo como sua *própria* determinação. Em sua relação com o todo, nada é imposto ao indivíduo. Assim, no estado de direito, a ordenação jurídica de cidadãos singulares não é sentida como coerção externa. Ao contrário, ela representa sua *própria* determinação. Ela o torna *sinceramente* um cidadão *livre*. No estado totalitário, em contrapartida, o indivíduo sofre o todo como uma determinação que lhe é *externa*. Essa falta de mediação gera muita coerção. A continuidade coercitiva é frágil.

Se nos orientarmos pela ideia de mediação, é possível subsumir em um modelo teórico a teoria do poder que alinha sempre um contra os outros. O poder como coerção e o poder da liberdade não são diferentes fundamentalmente. Eles se diferenciam apenas quanto ao grau de mediação. São aparências diferentes de *um* poder. Todas as formas de poder estão orientadas pela criação de continuidade, e exigem um *self*. Falta de mediação gera coerção. Muita mediação faz poder e liberdade coincidirem. Esse é o caso, entre todos, em que o poder está mais estável.

Mesmo quando um espaço-poder alcança uma mediação intensiva em seu interior, é possível que em seu exterior, ou seja, perante outros espaços-poder, relacione-se antagonicamente. No caso de falta extrema de mediação, a violência determina, por sua vez, tal relação. Por isso, é possível que até mesmo um estado democrático intimide outro estado com a possibilidade de um conflito aberto ou chegue mesmo a utilizar a violência para a execução de seus próprios interesses. Uma esfera de poder abrangente, uma instância mais alta de mediação seria necessária, os espaços-poder que agem uns contra os outros precisariam se unir numa totalidade ou serem *mediados*.

Para evitar conflitos entre estados nacionais também é necessário, desse modo, o que, aliás, pertence à *lógica do poder*, a formação de uma estrutura supranacional, ou seja, uma ordem jurídica supranacional[24], isto é, uma *globalização do poder e do direito* que ultrapasse o isolamento estatal. Ao poder é preciso dar um *lugar* que vá além dos estados nacionais. A ferocidade da globalização se deve ao fato de ela não ser suficientemente global, de não ser *mundi-mediada*, de ela produzir estruturas fortemente assimétricas, partilhas injustas de oportunidades e recursos, de ela não ser en-

---

24 Paul Tillich também chama a atenção para a necessidade de uma esfera de poder abrangente, supranacional. Cf. TILLICH, P. Das Problem der Macht – Versuch einer philosophischen Grundlegung [O problema do poder – Uma tentativa de fundação filosófica]. In: ALBRECHT, R. (ed.). *Gesammelte Werke* [Obras completes], vol. 2: Christentum und soziale Gestaltung. Stuttgart, 1962, p. 193-208, aqui p. 203: "Os últimos grupos abrangentes que conseguem uma posição de poder querendo a realização de seu ser social são atualmente os estados nacionais em suas representações principais como 'poderes', ou seja, caracterizados como portadores mais completos do ser social. A soberania é a característica de um grupo de poder que não mais partilha de um grupo abrangente. O encontro se completa em um equilíbrio frágil, cuja constelação se altera constantemente. Uma vez que não falta o reconhecimento da posição de poder, ameaças e utilização arbitrárias de violência são fundamentalmente as únicas formas de cumprimento do poder. Só é possível mudar a situação pela criação de uma posição de poder abrangente com o reconhecimento e ligação legal, ou seja, pela criação de uma unidade de soberania estatal, supranacional e que supere a soberania".

volvida por uma instância de mediação e de poder abrangente. Em uma interação dialética de para e de contra, uma estrutura de mediação é formada e comprimida. A globalização deve passar, portanto, por um *processo dialético formativo*. Nesse contexto, *também* a estrutura transnacional das empresas que agem internacionalmente podem promover esse processo de mediação.

As formas do poder que até agora foram tematizadas têm todas um caráter comunicativo. Também a violência física que é utilizada para impor uma determinada ação ao outro, nessa medida, ainda faz parte de um processo de comunicação ao realizar, mesmo que de modo violento, uma decisão de ação. Ela é utilizada, é claro, para impor ao outro que faça ou deixe de fazer uma determinada ação. A violência, contudo, é posta a *nu*, tão logo desnude seu contexto comunicativo. Seu caráter inquietante ou sórdido consiste dessa nudeza. Torturas arbitrárias ou assassinato sem sentido do outro, sem qualquer intencionalidade comunicativa, remetem a essa violência nua, sem *sentido*, pornográfica, sem dúvida.

Ela não visa comunicar-se. Em última análise, para o autor da violência nua não importa *o que* faz o outro. E não a ver também com a obediência. Obedecer já é sempre um ato comunicativo. Ao contrário, procura-se *exterminar completamente* o fazer do outro, sua vontade, a liberdade e a dignidade do outro. A violência nua visa a liquidação completa da *alteridade*[25].

A comunicação desnudada em sua totalidade é também a práxis arcaica do poder que Canetti sempre invoca como se fosse a única

---

25 Como se sabe, é no terror do campo de concentração que jaz essa *violência* nua. Não é pertinente a expressão "*poder* absoluto" com a qual Wolfgang Sofsky caracteriza o terror do campo de concentração. O poder absoluto pressupõe uma mediação comunicativa que falta totalmente à violência nua. Cf. SOFSKY, W. *Die Ordnung des Terrors* – Das Konzentrationslager [A ordem do terror: o campo de concentração]. Frankfurt a. M., 1997. O "poder absoluto", para Hegel, é uma coisa bem diferente da violência terrorista: "O poder absoluto não domina; na dominação o outro é subordinado – aqui isso fica, mas obedece, vale como meio". Cf. HEGEL, G.W.F. Vorlesungen über die Philosophie der Religion I [Lições sobre a filosofia da religião I]. In: MOLDENHAUER, E. & MICHEL, K.M. (org.). *Werke in zwanzig Bänden* [Obras em 20 vols.]. Vol. 16. Frankfurt a. M., 1970, p. 417. Não é o poder absoluto, mas a violência absoluta, nua, que aniquila completamente o outro.

forma de poder: "Sob *mana* compreende-se no Pacífico um tipo de poder sobrenatural e impessoal que pode passar de um ser humano a outro. As pessoas o desejam muito, e é possível se concentrar em um único indivíduo. Um guerreiro valente adquiri-lo em grande quantidade. Não deve a ele, contudo, sua experiência na batalha ou sua força corporal, mas ele é transmitido a ele da mana de seu inimigo golpeado. [...] O efeito da vitória para os que sobrevivem não pode ser entendido de maneira mais clara. Ao matar os outros, torna-se mais forte, o aumento em mana faz dele capaz de novas vitórias. É um outro tipo de bênção que ele arranca do inimigo, mas ele só pode recebê-la se este estiver morto. A presença física do inimigo, vivo ou morto, é indispensável. Deve-se guerrear e deve-se matar; tudo depende do ato de matar. As partes manejáveis do corpo que o vencedor assegura-se de incorporar e com as quais se adorna lembram-no do aumento de seu poder"[26]. Essa batalha ar-

---

26 CANETTI, E. *Masse und Macht* [Massa e poder]. Hamburgo, 1960, p. 287s.

caica não precisa preceder um conflito de interesse que tenha lhe conferido um caráter comunicativo. Isso não depende até mesmo do assassinato do outro e da percepção do morto. A sensação de poder ocorre imediatamente aqui, ou seja, sem qualquer mediação comunicativa. Tampouco surge do reconhecimento da força do vencedor pelo outro. Como uma força mágica, o poder migra do morto ao vencedor.

A consciência arcaica reifica o poder abertamente em uma substância capaz de ser possuída. O poder, contudo, é uma relação. Sem *alter* e *ego* não há poder. O assassinato do outro termina com a relação de poder. Entre seres humanos que se matam uns aos outros, o poder não tem lugar. Há apenas uma diferença de força física. O poder autêntico ocorre, na verdade, quando um deles, seja por medo da morte possível ou antecipando a superioridade física do oponente, se submete a este. Não a batalha que leva à morte daquele, mas a sua ausência é o que constitui o poder em sentido autêntico.

Canetti dispõe abertamente apenas de um conceito de poder muito restrito. Ele equipara em larga medida o poder com coerção, opressão e submissão. Com isso, a relação de poder não vai além da relação entre gato e rato: "o rato, se ficar preso, está sob a violência do gato. Este bate, agarra, mata. Mas, assim que começa a *jogar* com aquele, algo novo aparece. O gato solta o rato e deixa-o andar um pouquinho. O rato não volta suas costas e caminha, não está mais sob a violência do gato. Mas está no *poder* do gato que o rato volte àquela situação. Se o deixar andar bastante, o rato terá se libertado do seu domínio de poder. Até o ponto, no entanto, em que ele possa seguramente ser alcançado, o rato permanece sob o poder do gato. O espaço em que a sombra do gato alcança, o momento da esperança que é permitida ao rato pelo gato, sob a vigilância mais rigorosa contudo do gato, que não perde seu interesse de destruição, tudo isso junto, espaço, esperança, vigilância, interesse de destruição, seria possível se referir como o autêntico corpo do poder, ou simplesmente como o próprio poder"[27].

O poder é "mais espacial" do que a violência. E a violência torna-se poder quando ela "se dá mais tempo". O poder baseia-se, visto desse modo, em um "mais" de espaço e de tempo. No jogo de gato e rato, contudo, o espaço é da mera estreiteza de uma antessala da morte. Se o corredor da morte é mais espaçoso do que o focinho do gato, o espaço do poder preenchido de medo não é um espaço positivo de ação. Para que seja possível ocorrer realmente "algo novo" é preciso que tal "jogo" seja mais do que um prelúdio para o assassinato. É preciso pressupor um verdadeiro *espaço-jogo* que admita possibilidades estratégicas. O poder pressupõe um espaço de tempo que seja mais do que o *ainda não* de uma porta para a morte. Obcecado com a morte, Canetti se esquece visivelmente que o poder simplesmente não apenas mata, mas, sobretudo, *deixa viver*. Em sua fixação com a negatividade do poder, Canetti não reconhece que o poder não exclui

---

27 Ibid., p. 323.

a ação e a liberdade, que o poder, em um outro sentido bem diverso, *oferta tempo e espaço*. O espaço-tempo da *possibilidade* ou da liberdade pode ser, no frigir dos ovos, uma ilusão. Mas o poder o pressupõe, mesmo na forma de uma *aparência*.

Semântica do poder

Ao contrário da violência nua, o poder pode se associar com o *sentido*. Mediado por seu potencial semântico, ele inscreve um horizonte de compreensão. O que significa, contudo, *sentido*? Qual o significado de dizer que algo tem sentido? A, B ou C estarem apenas por acaso perto um do outro não dá sentido a essa proximidade. O sentido surge apenas quando a contingência ou a mera contiguidade, ou seja, a proximidade casual, passa a ser estruturada por uma *figura* determinada. A, B ou C participam então de um sentido quando, por qualquer que seja o motivo e o modo, se relacionam uns com os outros, ou seja, quando eles se ligam em uma construção, uma relação, uma *continuidade de relações* entre si. A, B ou C ficam sem sentido, quando se rompe a construção que os mantém unidos. Também pode acontecer com uma palavra, caso ela fique toda esvaziada de referência, de perder totalmente o sentido. A própria linguagem é um tecido de referências ao qual uma palavra ou uma frase devem seu significado. Até mesmo um instrumento ganha seu sentido sobretudo disso, quer dizer, do contexto de sua função e de sua finalidade. O sentido, portanto, é um fenômeno da relação e do relacionar-se. Algo torna-se significativo ou útil quando é colocado em uma rede de relações, em uma continuidade ou horizonte de sentido que o ultrapassa e que precede a doação a um objeto ou acontecimento, sem que, contudo, surja ao olhar *como tal*. O horizonte de significado que orienta a intencionalidade compreensora de significado – ou seja, capaz de tematizar – não pode ser ele mesmo tematizado. O poder é inscrito, portanto, em um horizonte de significado ou mesmo precisa formar um horizonte de significado, para poder orientar de modo efetivo o processo de compreensão e de ação. Ele obtém estabilidade apenas quando aparece sob a iluminação do sentido ou do *razoável*. Nisso, ele se diferencia da violência que atua nua por que o sentido está velado para ela. Um poder nu, em oposição, não existe.

É sabido que Nietzsche foi o primeiro a formular de modo premente a relação complexa entre poder e criação de sentido. Já em um nível bem elementar, somático até, ele associa o sentido com o poder. Sentido é poder. "Comunicar-se [é] originalmente", diz Nietzsche, "estender seu poder sobre os outros"[28]. Assim, o sinal é "a gravação (geralmente dolorida) de uma vontade sobre outra vontade". A primeira linguagem seria a linguagem corporal do ferimento que manifesta sem mediações a "vontade

---

28 Friedrich Nietzsche, 1882-1884 [Fragmentos póstumos 1882-1884]. In: NIETZSCHE, F. *Sämtliche Werke* – Kritische Studienausgabe [Obras reunidas – Edição crítica para estudo]. KSA 10 (Vol. 10). 2. ed. Munique/Berlim/Nova York, 1988, p. 298 [Org. por Giorgio Colli e Mazzino Montinari]. Trata-se de uma posição que a retórica do agravamento de Nietzsche torna especialmente ilustrativa. A conhecida história do "muçulmano" dos campos de concentração torna imaginável, contudo, de modo assustador, uma linguagem reduzida ao comando *puro, absoluto*. O "muçulmano" não poderia diferenciar – fala-se – entre o frio intenso e a ordem do supervisor do campo. A palavra do outro é percebida corporalmente aqui de fato como um ferrão ou uma mordida dolorosa. Essa proximidade entre a dor física e a palavra remete de modo premente à *possibilidade* da *linguagem de violação*.

de se apropriar". Também conceitos como o de *agarrado* remetem a esse agarrar e se apropriar. O poderoso pode *se* dar a entender por ferimentos e "golpes" dolorosos. Desse modo, "os ferimentos do outro" são "a linguagem de sinais do mais forte". Segundo essa semiótica do poder bem *empobrecida de mediações*, os sinais seriam originalmente feridas. Receber e compreender essa linguagem particular de sinais ocorre como "um recebimento de dor e um reconhecimento de um poder estrangeiro" que vem da "conquista do outro". Compreender rapidamente serve à finalidade de "receber o menos possível de bofetadas". Mensagens são espinhos. Seu sentido é o domínio. Entender é obedecer. Seria possível, talvez, que Nietzsche afirmasse que no fundamento da conjugação, da declinação, residiria a intenção de *declinar-se sobre* os outros e suas vontades.

Nietzsche entende que dar nomes é um direito do dominador. Este "lacra cada coisa e cada acontecimento com um som, deles tomando posse"[29]. A origem da linguagem é a

---

[29] NIETZSCHE, F. *Zur Genealogie der Moral* [Genealogia da moral]. In: NIETZSCHE, F. *Sämtliche Werke* – Kritische Stu-

"expressão do poder do dominador". As linguagens são as "reverberações das mais antigas tomadas de posse das coisas". Nietzsche ouve, portanto, a "ordem" em cada palavra: assim deve se chamar a coisa de agora em diante![30] Dar nomes é ao mesmo tempo dar sentido. Poder gera sentido. "Assim deve ser!" é a sentença dos "filósofos autênticos" que são "dominadores e legisladores"[31]. Cada palavra é uma palavra-poder. Os poderosos determinam primeiro o sentido, o horizonte de sentido, ou seja, "o para onde? E para quê?" das coisas. Eles geram uma *continuidade de sentido* a partir da qual as coisas são interpretadas. Para

---

dienausgabe [Obras reunidas – Edição crítica para estudo]. KSA 5 (Vol. 5). 2. ed. Munique/Berlim/Nova York, 1988, p. 260 [Org. por Giorgio Colli e Mazzino Montinari].

30 Friedrich Nietzsche, 1885-1887 [Fragmentos póstumos 1885-1887]. In: NIETZSCHE, F. *Sämtliche Werke* – Kritische Studienausgabe [Obras reunidas – Edição crítica para estudo]. KSA 12 (Vol. 12). 2. ed. Munique/Berlim/Nova York, 1988, p. 142 [Org. por Giorgio Colli e Mazzino Montinari].

31 NIETZSCHE, F. *Jenseits von Gut und Böse* [Para além do bem e do mal]. In: NIETZSCHE, F. *Sämtliche Werke* – Kritische Studienausgabe [Obras reunidas – Edição crítica para estudo]. KSA 5 (Vol. 5). 2. ed. Munique/Berlim/Nova York, 1988, p. 145 [Org. por Giorgio Colli e Mazzino Montinari].

o poderoso, essa continuidade de sentido seria ao mesmo tempo uma *continuidade do self* na medida em que enxerga a *si mesmo* nela.

O sentido não é, segundo Nietzsche, um limitado "é-assim", um ser-assim do mundo e das coisas que seria desvelado apenas em uma visão desinteressada. O sentido estaria baseado em um ser-assim e não na posse ou na dominação caso quem desse nome não fosse poderoso, mas um observador e um ouvinte. O monismo do poder de Nietzsche toma das coisas o ser-assim. A vontade carente de poder leva a um vazio de significado. O sentido, portanto, não é um dom que se poderia apenas aceitar, também não é *acontecimento* que *ocorreria* fora da esfera do poder, mas um tipo de pilhagem. É o poder que possibilita às coisas partilharem de *sentido*. Dessa perspectiva, o poder é também uma coisa bem diferente da coerção *sem sentido*, muda. Ele é *eloquente*. Articula o mundo na medida em que nomeia as coisas, determinando seu para onde e para quê.

O poder gera *significância* na medida em que forma um horizonte de sentido a partir do qual as coisas são interpretadas. Só *em vis-*

ta do poder elas se tornam *significativas*, só *em vista* do poder obtêm um sentido. A relação com o poder é constitutiva do sentido. Não há, assim, sentido-em-si: "Não é necessário sentido para haver relação de sentido e perspectiva? Todo sentido é vontade de poder (todas as relações de sentido podem se dissolver nisso)"[32]. Até mesmo a verdade está aliada com o poder. Ela é um projeto ou um constructo originado da vontade de poder. Esta facilita "a vitória e a duração de um tipo determinado de não verdade"[33].

Todas as construções de significado são "valorações perspectivas por força das quais nós nos sustentamos vivos, ou seja, na vontade de potência, de crescimento de poder"[34]. Todos os fins e todas as finalidades são apenas "modos de expressão e metamorfoses de uma

---

32 Friedrich Nietzsche, 1885-1887. Op. cit. KSA 12, p. 97.

33 Friedrich Nietzsche, 1884-1885 [Fragmentos póstumos 1884-1885]. In: NIETZSCHE, F. *Sämtliche Werke* – Kritische Studienausgabe [Obras reunidas – Edição crítica para estudo]. KSA 11 (Vol. 11). 2. ed. Munique/Berlim/Nova York, 1988, p. 699 [Org. por Giorgio Colli e Mazzino Montinari].

34 Friedrich Nietzsche, 1885-1887. Op. cit. KSA 12, p. 114.

única vontade", a vontade de potência[35]. Acontecer sentido é acontecer poder. Significa que "uma vontade de poder se assenhorou de algo menos poderoso e imprimiu nela o sentido de uma função a partir de si mesma". Assim, a história da "coisa" é também uma história do poder, uma "cadeia de signos em contínuas novas interpretações"[36]. "Algo que quer crescer" "interpreta" "outro algo que quer crescer" a partir do valor que lhe for relevante em relação a seu próprio crescimento de poder, ou seja, a partir do seu *sentido*. Nisso e nisto reside a base da intenção da "interpretação": "se assenhorar de alguma coisa"[37].

A teoria do poder de Nietzsche leva, é claro, pelo caminho de uma polemologia. Ao mesmo tempo, contudo, ela é também uma poetologia do poder. O poder é, na verdade,

---

[35] Friedrich Nietzsche, 1887-1889 [Fragmentos póstumos 1887-1889]. In: NIETZSCHE, F. *Sämtliche Werke* – Kritische Studienausgabe [Obras reunidas – Edição crítica para estudo]. KSA 13 (Vol. 13). 2. ed. Munique/Berlim/Nova York, 1988, p. 44 [Org. por Giorgio Colli e Mazzino Montinari].

[36] NIETZSCHE, F. *Zur Genealogie der Moral*. Op. cit. KSA 5, p. 314.

[37] Friedrich Nietzsche, 1885-1887. Op. cit. KSA 12, p. 140.

"poético"[38]. Ele cria sempre novas formas, novas perspectivas. Não está, assim, estabelecido por um domínio despótico que põe de maneira absoluta uma perspectiva. Habita no interior da poetologia do poder uma outra intencionalidade. O arquiteto fica, diz Nietzsche, "sempre sob a sugestão do poder". Os arquitetos sempre teriam inspirado as pessoas mais poderosas. A arquitetura é "um tipo de eloquência de poder nas formas"[39]. O poder é criador de formas, ele se manifesta nas formas. Além disso, é bem diferente de repressivo e opressor. Ao enformar o espaço, o arquiteto cria uma *forma de continuidade* na qual ele está em *si mesmo*. Ele *se* projeta ao projetar o espaço. O poder permite com que seu *self torne-se espacial e cresça espacialmente*. Com

---

38 Friedrich Nietzsche, 1880-1882 [Fragmentos póstumos 1880-1882]. In: NIETZSCHE, F. *Sämtliche Werke* – Kritische Studienausgabe [Obras reunidas – Edição crítica para estudo]. KSA 9 (Vol. 9). 2. ed. Munique/Berlim/Nova York, 1988, p. 637 [Org. por Giorgio Colli e Mazzino Montinari].

39 Friedrich Nietzsche Götzen-Dämmerung [O crepúsculo dos ídolos]. In: NIETZSCHE, F. *Sämtliche Werke* – Kritische Studienausgabe [Obras reunidas – Edição crítica para estudo]. KSA 6 (Vol. 6). 2. ed. Munique/Berlim/Nova York, 1988, p. 298 [Org. por Giorgio Colli e Mazzino Montinari].

isso, ele faz com que ocorra a *extensão* do corpo criador no mundo.

A *extensão pode*, é claro, levar por um caminho violento. Mas, *enquanto tal*, não é violência. De maneira análoga, do poder *pode* ocorrer um efeito repressivo. Mas não *se baseia* nele. Assim, o poder não é, como diz a famosa expressão de Jacob Burckhardt, "mau em si"[40]. A demonização do poder cega sobretudo

---

40 Em suas Considerações sobre a história universal (*Weltgeschichtlichen Betrachtungen*. Stuttgart 1978, p. 97), Burckhardt escreve: "E então, o poder é mau em si, tanto quanto for exercido. Não é uma insistência, mas uma voracidade e *eo ipso* impossível de ser satisfeito, uma vez que infeliz em si, e que deve, portanto, tornar os outros infelizes". Carl Schmitt nota que os poderosos, que mostram, segundo Burckhardt, a face má do poder, seriam todos poderosos modernos, já que foi apenas desde o século XIX que a tese do poder mau se difundira. Sua suspeita é que tal condenação do poder possa ser explicada pela humanização do poder. Cf. SCHMITT, C. *Gespräche über die Macht und den Zugang zum Machthaber* – Gespräch über den Neuen Raum [Conversações sobre o poder e o acesso ao poder – Conversa sobre o novo espaço]. Berlim, 1994, p. 25s. A secularização ou "desteleologização" do poder retirou o prestígio do divino ou de uma legitimação divina. Esse contexto histórico confere à filosofia da "vontade de poder" de Nietzsche um significado particular. Nietzsche devolve, por assim dizer, ao poder suas raízes na medida em que o eleva a um princípio universal. Da "terra" consagrada, o poder recupera sua dimensão divina. O primeiro

seu efeito semântico que, segundo Nietzsche, transforma a voz nua em uma *linguagem*, entrelaçando *sentido*. O problema do monismo nietzscheano do poder está mais propriamente em ele interpretar toda ocorrência de sentido como uma ocorrência de poder.

Em sua análise do poder, também Foucault remete à "tendência de se tomar o poder apenas na forma negativa e descarnada da proibição do conhecimento"[41]. E justamente essa tendência geral é que limita as abordagens que normalmente se faz da teoria do poder de Foucault. Nelas, se afirma, por exemplo,

---

Nietzsche, contudo, ainda não dispunha de um conceito positivo de poder. Assim, seguia a tese do poder mau de Burckhardt, mas apenas de maneira formal, pois já aqui Nietzsche instava o poder "em si mau" no processo de origem da arte e da cultura. Ou seja, o poder é um mal necessário. É como aquele "abutre que pica o fígado do benfeitor prometeico da cultura". Segundo essa teoria da cultura, o poder não toma parte direta ou positivamente na formação da cultura ou da arte. Mas é seu fermento negativo, por assim dizer. Cf. Friedrich Nietzsche. Nachgelassene Schriften 1870-1873 [Fragmentos póstumos 1870-1873]. In: NIETZSCHE, F. *Sämtliche Werke* – Kritische Studienausgabe [Obras reunidas – Edição crítica para estudo]. KSA 1 (Vol. 1). 2. ed. Munique/Berlim/Nova York, 1988, p. 767 [Org. por Giorgio Colli e Mazzino Montinari].

41 FOUCAULT, M. *Der Wille zum Wissen*... Op. cit., p. 106.

que a história do poder seria para Foucault uma "história da perda"[42]. O próprio Foucault coloca-se crítico a essa posição: "O poder é, na essência, o que reprime. O poder reprime a natureza, os instintos, uma classe, os indiví-

---

[42] Cf. FINK-EITEL, H. *Foucault zur Einführung* [Introdução a Foucault]. Hamburgo, 1989, p. 115. Agamben também toma conhecimento do poder tematizado por Foucault apenas de forma negativa. Do poder ele retira novamente a positividade apontada constantemente por Foucault em sua análise do poder. Com isso, faz coincidir o tal do "biopoder" – cuja intencionalidade, segundo Foucault, não é a ameaça da morte, mas o gerenciamento ou organização da vida – com aquela violência que faz surgir uma "vida absolutamente matável", uma tal mediação legal da vida *nua*, ou seja, *homo sacer* (cf. AGAMBEN, G. *Homo sacer* – Die souveräne Macht und das nackte Leben [*Homo sacer* – O poder soberano e a vida nua]. Frankfurt a. M., 2002, p. 95). Foucault interpreta o "biopoder", em contrapartida, como aquele acontecimento que conduz a *vida* através de normas e de normalizações, ou seja, *também* estruturante e *revestido* de sentido. Ele está investido não apenas de exclusão e banimento, mas também de administração e organização. Axel Honneth, que toma conhecimento do poder em larga medida a partir da luta de classes, também permanece fechado para a positividade ou produtividade do poder. Esse também é o motivo para que raramente tematize a teoria do "poder comunicativo" de Habermas, mesmo sendo seu continuador. O "poder comunicativo" é positivo na medida em que o agir-junto porta o projeto da ação comum. Cf. HONNETH, A. *Kritik der Macht* – Reflexionsstufen einer kritischen Gesellschaftstheorie [Crítica do poder – Níveis de reflexão de uma teoria crítica social]. Frankfurt a. M., 1985.

duos; e é no discurso contemporâneo que podemos encontrar centenas de vezes repetida essa definição de poder como algo opressor, mas ela não foi fundada pelo discurso contemporâneo: Hegel foi o primeiro a falar disso, depois Freud, e depois Reich. Como então, 'órgão da opressão' é, no vocabulário contemporâneo, quase um nome automático para poder"[43]. Na realidade, a opressão representa apenas *uma* forma determinada de poder, a saber uma *pobre de mediação* ou mesmo uma *sem mediação*. O poder, contudo, não *se baseia* na repressão. Foucault está sempre se distanciando dessa concepção negativa de poder: "deve-se parar de descrever os efeitos do poder sempre como negativos, como se fossem apenas 'excluir', 'oprimir', 'expulsar', 'censurar', 'abstrair', 'mascarar', 'dissimular'. Na realidade,

---

43 FOUCAULT, M. *Dispositive der Macht* – Über Sexualität, Wissen und Wahrheit [Dispositivos do poder – Sobre sexualidade, saber e verdade]. Berlim, 1978, p. 71. Em certo aspecto, o próprio Foucault é vítima desse preconceito. Para Hegel, o poder é completamente diferente da opressão. Foi o primeiro a cunhar o conceito de "poder livre". O particular da teoria do poder de Hegel é justamente o que faz convergir o poder e a liberdade.

o poder é produtivo; e produz o real"[44]. Ele é "determinado a produzir força, deixar crescer e ordenar, e não inibir, declinar ou aniquilar"[45]. Sobre essa relação entre corpo e poder, Foucault escreve: "o motivo pelo qual domina o poder que se aceita reside simplesmente em que ele não apenas pesa sobre nós como uma violência que diz não, mas na realidade penetra nos corpos, produz coisas, causa desejo, gera saber, produz discursos; deve-se entendê-lo como uma teia produtiva que reveste a todo o corpo social, e não exatamente como uma instância negativa cuja função consiste na opressão"[46].

Raramente toma-se conhecimento do apontamento de Foucault sobre a produtividade do poder[47]. Contribui para isso o próprio Fou-

---

[44] FOUCAULT, M. *Überwachen und Strafen* – Die Geburt des Gefängnisses [Vigiar e punir – O nascimento da prisão]. Frankfurt a. M., 1976, p. 250.

[45] FOUCAULT, M. *Der Wille zum Wissen...* Op. cit., p. 185.

[46] FOUCAULT, M. *Dispositive der Macht...* Op. cit., p. 35.

[47] Nas discussões feministas, o poder também é constantemente definido como violência e opressão. E então é invocado abstratamente um além do poder. Cf., p. ex., FRENCH, M. *Jenseits der Macht*: Frauen, Männer und Mo-

cault ao se orientar unilateralmente, em sua análise do poder, pelas práticas de coerção ou pelo paradigma da luta. Ele deveria ter analisado o poder a partir de seu potencial semântico para que aparecesse em sua positividade e produtividade. Ainda em *Loucura e sociedade*, Foucault dispõe, como ele mesmo admite, apenas de uma "concepção puramente negativa do poder"[48]. Apenas mais tarde passou a prestar atenção aos mecanismos de poder que operam de maneira produtiva, que produzem o *real*. Ele desconfia, então, de uma "natureza", ou de uma "essência", que seria posteriormente distorcida ou alienada de mecanismos determinados de coerção ou de poder, que teria que ser liberada ou reestabelecida em sua pureza. São todas já efeitos do poder. Nisso

---

ral [Além do poder: mulheres, homens e moral]. Reinbek, 1985, p. 807: "Poder e controle são quase sinônimos em seu significado. [...] Ambos conceitos funcionam, contudo, como dois lados de uma mesma moeda. 'Poder' sugere algo violento e direcionado para fora, um punho de ferro: 'Controle', por sua vez, faz pensar em um instrumentário firme e engenhoso; se se imaginá-lo como movimento, produz pressão para dentro – ou seja, repressão, expulsão, depressão".

48 FOUCAULT, M. *Dispositive der Macht…* Op. cit., p. 105.

consiste o monismo do poder de Foucault: "O ser humano sobre o qual se fala e que é convidado a libertar-se é já em si o resultado de uma sujeição que é muito mais profunda do que ele. Uma 'alma' mora nele e lhe cria uma existência que é, ela própria, uma parte da dominação que o poder exerce sobre os corpos. A alma: efeito e instrumento de uma anatomia política"[49]. Foucault livra o poder da limitação da proibição ou da coerção. Mas o social reduz seu monismo do poder. Não é apenas o poder que gera o *sentido* social[50].

Também em relação à sexualidade Foucault põe a tese da repressão em questão. A sexualidade não é um impulso que se oporia ao poder sempre com um *não*. Em vez de produ-

---

49 FOUCAULT, M. *Überwachen und Strafen*... Op. cit., p. 42.

50 A *alma* é mais do que um "efeito e instrumento de uma anatomia política". Foucault estaria fechado a tal "almificação" (*animation*, *psychisme* ou *inspiration* [animação, psiquismo ou inspiração]) com a qual Lévinas caracteriza uma *submissão* completamente diferente, a saber a "exposição aos dos outros, passividade do para-os-outros" que seria uma contrafigura da atividade do poder ou da dominação (cf. LÉVINAS, E. *Jenseits des Seins oder anders als Sein geschieht* [Além do ser ou acontecer diferente de ser]. Friburgo/Munique, 1992, p. 162).

zir um estado asséptico, ele germina o desejo. O poder não simplesmente silencia a sexualidade. Pelo contrário, desenvolve um "eretismo discursivo"[51]. Faz dos corpos, *eloquentes*. Perguntas insistentes despertam novas percepções de desejo. Olhares controladores fixam-na e intensificam-na. O "dispositivo de sexualidade" não se exterioriza, assim, como lei de interdição, mas como "mecanismo de estímulo e multiplicação"[52]. Desse modo, o poder não leva a menos desejo, mas a mais. Relações de vigilância viram contatos de indução que eletrizam a superfície da pele. O poder forma um corpo sexual que incansavelmente *fala* e *significa*. A semântica do desejo sexual está ligada frequentemente à semântica do poder. O corpo nunca é nu. Na verdade, ele está misturado com significados que, segundo Foucault, são efeitos do poder.

A forma jurídica do poder que enuncia a proibição não capta o "efeito duplo" do poder: "O poder funciona como uma sirene que atrai

---

51 FOUCAULT, M. *Der Wille zum Wissen...* Op. cit., p. 46.
52 Ibid., p. 62.

de maneira apelativa as estranhezas que ele mesmo vigia. O desejo se dispersa até mesmo nesse poder pelo qual é perseguido; o poder ancora o desejo que perseguiu"[53]. Foucault não se conscientiza, contudo, da possibilidade de que o poder desperte desejo não apenas contra sua própria intenção, mas também justamente *opera no desejo*. Nesse caso, o desejo não é causado simplesmente pela proibição. Ao contrário, o poder gera especialmente desejo apenas para *operar*.

O esquema jurídico do poder, ou seja, a proibição do poder legislativo, por um lado, e o sujeito obediente, por outro, não é capaz de descrever, segundo Foucault, a "abundância estratégica e a positividade do poder"[54]. Foucault chama atenção para uma forma de poder que não é compreensível no conceito de lei, proibição e opressão, que não é repressora nem redutora, mas opera de maneira produtiva. Ele "opera em toda grossura e em toda superfície do campo social de acordo com um sistema de

---

[53] Ibid., 60.

[54] FOUCAULT, M. *Überwachen und Strafen...* Op. cit., p. 106.

revezamentos, conexões, transmissões, distribuições etc."[55]. Aparece como uma "diversidade de relações de força que povoam e organizam um território"[56]. Em vez de erguer apenas bloqueios ou de destruir, o poder cria um sistema de relações, uma teia de comunicação, que é imposta com signos e significados.

Em *Vigiar e punir*, Foucault fala de "três tecnologias do poder"[57]. Elas podem ser descritas a partir de seus efeitos semânticos. Foucault tematiza primeiro o poder da soberania. Como poder da espada, ele irradia de cima para baixo. E se manifesta massivamente, assumindo a figura da vingança ou da luta. O criminoso é um inimigo que é preciso vencer. Nessa medida, tem um grau de mediação e de diferenciação pequeno – sua linguagem está restrita ao puro e simples "*simbolismo do sangue*": "sociedade do sangue, ou melhor, de 'sanguinidade': honra da guerra e medo das fo-

---

55 FOUCAULT, M. *Mikrophysik der Macht: Über Strafjustiz – Psychiatrie und Medizin* [Microfísica do poder]. Berlim, 1976, p. 114.

56 FOUCAULT, M. *Der Wille zum Wissen...* Op. cit., p. 113.

57 FOUCAULT, M. *Überwachen und Strafen...* Op. cit., p. 170.

mes, triunfos da morte, soberano com gládio, verdugo e suplícios, o poder falar *pelo* sangue; esta é uma *realidade com função simbólica*"[58]. O sangue *significa*. O corpo do torturado tem signos. Ele é um memorial, é algo que *significa*. O poder do soberano *diz* pelos corpos esquartejados ou pelas cicatrizes que o mártir herda em seu corpo. Ele "enterra *signos* pelos corpos, ou melhor: no corpo do condenado que não podem ser apagados"[59]. E a tortura e o martírio consumem-se como um ritual, como uma *encenação* que trabalha com signos e símbolos.

A segunda tecnologia do poder, o poder da legislação civil, opera ela mesma como um sistema simbólico: "[...] diz respeito ao espírito ou, ao contrário, a um jogo de representações e signos que discretamente, mas, com certeza, de maneira coercitiva, circulam no espírito de todos"[60]. O poder atua ao fazer circular signos

---

58 FOUCAULT, M. *Der Wille zum Wissen...* Op. cit., p. 175s.
59 FOUCAULT, M. *Überwachen und Strafen...* Op. cit., p. 47 [destaque de B.-C.H.].
60 Ibid., p. 129.

e representações. A espada não é usada, mas a pena que produz a lei. O poder se manifesta, assim, não como violência, mas como "certeza coercitiva". Quer operar não pelo terror, mas pela razão. A pena põe o poder em um chão mais estável do que a espada. Foucault cita um contemporâneo de Kant chamado Servan: "'Espírito' como placa de escritura na mão do poder, com a semiologia como pena; a opressão dos corpos pelo controle das ideias; a análise das representações como princípio de uma política dos corpos que é mais atuante do que a anatomia ritualística dos martírios. [...] Se o senhor estender a cadeia de ideias nas cabeças de seus concidadãos, poderia gabar-se de guiá-los e de ser o senhor deles. Um déspota obtuso pode coagir escravos com cadeias de aço; um verdadeiro político, contudo, amarra muito mais rápido com a corrente suas próprias ideias, amarrando suas pontas na ordem imutável da razão"[61]. Esse poder é mais estável

---

61 Ibid., p. 131. Assim tomam todos os pedagogos e poetas este estilete, tornando-se moralistas ou missionários da "razão eterna": "Cada cidadão divulgará as imagens horríveis e as ideias curativas, com as quais está recheado.

do que o poder da soberania, pois opera não de fora, mas de dentro, ou seja, sem coerção externa. Ele faz coincidir liberdade e opressão.

O poder da pena, ou seja, do espírito, não se expressa de modo eruptivo. Ele deve sua eficiência silenciosa às representações morais ou ao respeito diante da lei. O espírito não estabelece pela violência crua, mas pela *mediação*. O poder não opera aqui de modo imprevisível, desregulado ou eruptivo como o poder da espada, mas continuamente, ao formar uma *continuidade* de ideias e representações que impregna uma sociedade. O poder do espírito é o poder da lei que põe em circulação um "sistema de significantes"[62], sempre o atualizando através de um castigo, uma "pena tagarela que diz tudo, que a tudo esclarece, justifica e convence"[63]. São utilizados para "rituais de recordação"[64] placas de escritura, cartazes, símbolos

---

Contará histórias às suas crianças, que, reunidas, escutam ansiosamente com coração ardente, para que memorizem de modo indelével em suas jovens memórias as ideias de crime e castigo, de amor à lei e à pátria, de respeito e de fé" (p. 145).

62 FOUCAULT, M. *Überwachen und Strafen...* Op. cit., p. 166.

63 Ibid., p. 145.

64 Ibid., p. 143.

e textos que o poder faz circular na festividade de uma "feira anual da constituição civil"[65]. A punição não mais encena, aqui, o poder do soberano. Ao contrário, é uma "lição" que serve à atualização do sistema de significantes. O poder que se apresenta eloquente e simbólico nas festividades de uma feira anual da constituição civil, que se inscreve na memória juvenil pelas histórias infantis, se estabelece na *mediação*, em oposição ao poder soberano que atua de modo *imediado*.

O espaço do poder não é, no tempo da constituição burguesa, um espaço preenchido de sentido. Já o aparecimento da figura do rei no medievo, a união na qual o poder se baseia, era validada pelo ritual, era uma cerimônia festiva de signos que fazia o poder aparecer *de maneira razoável*. O poder atua sobre a *aparência* da razoabilidade. Ao contrário dessa renovação simbólica da união, a "cerimônia da tortura", com seu "arsenal de horror", é bem pobre em sentido e mediação. Mas, mesmo sendo uma estrutura de media-

---

[65] Ibid., p. 396.

ção diferente, ambas as formas de poder geram uma *continuidade*.

O poder da disciplina como a terceira tecnologia do poder penetra profundamente no sujeito como feridas e representações. Ele penetra, por assim dizer, no interior do corpo, deixando nele "rastros" feitos pelo *automatismo do hábito*. Deve operar do mesmo modo discreto e sutil como o poder da constituição, mas imediatamente, ou seja, sem o desvio pelas representações. O poder da disciplina se instaura mais por reflexos do que por reflexões. Foucault atribui o nascimento da prisão a tal poder da disciplina. Aqui não se aspira ao reestabelecimento do sujeito jurídico, mas à "formação de um sujeito obediente", e ainda à força de um "adestramento do comportamento pela programação completa do tempo, pela apropriação dos hábitos, pelo aprisionamento do corpo"[66], à força de uma "ortopedia concentrada"[67] que "codifica até nas miudezas o tempo, o

---

66 Ibid., p. 167.

67 Ibid., p. 169.

espaço e o deslocamento"[68]. Uma vez instalado o automatismo do hábito, o poder pode, diz Foucault, "renunciar ao seu esforço anterior"[69]. Ele se vende como algo *cotidiano, trivial*.

O poder da disciplina tem uma *linguagem* diferenciada. Ele prefere ignorar carne e sangue a ferir. Trabalha com normas ou normalidades em vez de com a espada. Foucault também imputa ao poder da disciplina uma positividade, uma produtividade. Ele forma e estrutura o corpo, cria novos movimentos, gestos e condutas orientados a um determinado fim. Faz de uma "massa informe" uma "máquina": "lentamente uma coerção calculada percorre cada parte do corpo, se assenhoreia dele, dobra o conjunto, torna-o perpetuamente disponível, e se prolonga, em silêncio, no automatismo dos hábitos"[70]. Do ponto de vista da atuação do poder que dá forma, tal crítica do poder seria *abstratamente* a que tem em vista a libertação total do corpo das relações de po-

---

[68] Ibid., p. 175.

[69] FOUCAULT, M. *Mikrophysik der Macht...* Op. cit., p. 123.

[70] FOUCAULT, M. *Überwachen und Strafen...* Op. cit., p. 173.

der. Apesar das coações, conectadas com o poder da disciplina, emana desse poder uma atuação produtiva.

Foucault supõe uma correlação oculta entre o corpo formável e o utilizável no registro técnico-político e no *homme-machine* de La Mettrie no registro anatômico-metafísico. A crença na "docilidade" forma o *relais* que associa o corpo analisável com o corpo manipulável. O poder da disciplina não produz apenas corpos submetidos, dóceis, obedientes, mas sustenta relações com a produção de discursos. Ele também produz, portanto, saber. O *homme-machine* como discurso filosófico-metafísico se comunica, assim, com o poder da disciplina. Foucault exige que a tradição do pensamento orientada pela representação renuncie à ideia de "que o saber só possa existir ali onde as relações de poder estejam suspensas, que o saber possa se desenvolver longe das ordens, das demandas e dos interesses do poder"[71], ou seja, Foucault exige que o saber renuncie à ideia de que "o poder enlouquece e que em compensação a renúncia ao poder

---

71 Ibid., p. 39.

é uma das condições para que possa se tornar sábio". Não há, portanto, uma única relação de poder que não constitua um campo de saber. E não há saber que seja completamente livre de relações de poder.

Foucault percebe que, no poder da disciplina, não se trata da "linguagem do corpo" ou de "signos", mas somente da "economia e eficiência dos movimentos e de sua organização interna"[72]. O poder da disciplina, contudo, não pode ser reduzido a tais efeitos econômicos, pois o corpo não apenas é trabalhado por ele, mas também é *caracterizado*. Ele se apropria do corpo ao inscrevê-lo em uma rede de significado. Os "rastros" que o poder da disciplina deixa nos corpos são sempre *significativos*[73]. Eles habitam a *alma*.

---

72 Ibid., p. 175.

73 Foucault aponta para a significação histórica do corpo em geral. Cf. FOUCAULT, M. *Überwachen und Strafen*... Op. cit., p. 37: "[...] o corpo também está diretamente mergulhado num campo político; as relações de poder têm alcance imediato sobre ele; elas o investem, o marcam, o dirigem, o supliciam, sujeitam-no a trabalhos, obrigam-no a cerimônias, exigem-lhe sinais". O corpo é, portanto, descrito a cada vez de maneira nova a partir da relação de dominação e de poder.

Ao contrário da violência, o poder funciona por meio do sentido, ou seja, da *significação*. Mesmo em sua forma violenta, seu efeito, ou seja, a ferida, é um *sinal* que *significa*. O sistema de significantes da constituição civil é, do mesmo modo, uma continuidade de sentido que controla as ações pelas representações. Falta-lhe sobretudo a veemência e o peso do poder soberano. O poder da disciplina também tece "nexos de hábitos"[74] que se consistem de estruturas de sentido.

Em uma aula, Foucault nota que: "aquilo pelo que o poder opera no século XIX é o hábito imposto a determinados grupos. O poder renunciar ao seu esforço anterior. Ele adota a forma cotidiana, insidiosa da norma, ocultando-se assim seu aspecto de poder, e se dando como sociedade"[75]. O poder aumenta sua eficiência e estabilidade ao ocultar-se, ao se passar

---

[74] FOUCAULT, M. *Mikrophysik der Macht...* Op. cit., p. 122.

[75] Ibid., p. 123. A expressão "insidiosa" [*hinterlistig*, literalmente ouvindo atrás (da porta? – obs. do tradutor)] sugere, de maneira problemática, um agente ou um sujeito localizável que nutre uma intenção negativa.

por algo cotidiano ou autoevidente. Nisso consiste a *astúcia do poder*. O poder que opera sem coerção e ameaça pela "automação dos hábitos" não pode ser restringido, contudo, apenas ao século XIX. Ele opera em sociedades que apresentem certa complexidade.

O poder ortopédico que Foucault detecta nas prisões, casernas e hospitais, vigora sobretudo no corpo. Basicamente focado nos corpos, Foucault não toma conhecimento de maneira suficiente do poder que opera habituando-se no âmbito simbólico. O hábito designa a totalidade de disposições ou costumes de um grupo social. Ele ocorre por uma interiorização dos valores e das formas de percepção organizados por uma determinada ordem dominante. Ele possibilita uma adaptação por assim dizer pré-reflexiva, somática, à ordem dominante do momento, gerando uma automação do costume no qual os em desvantagem social agem segundo modelos de comportamento que levaram à sua desvantagem. O hábito provoca uma afirmação e um reconhecimento pré-consciente da ordem dominante que se repete também no somático[76]. As pessoas vivenciam as coisas pressionadas a vivenciá-las como escolhas *próprias* graças às suas posições sociais inferiores. O inevitável vira "estilizado em um gosto nascido da escolha livre"[77]. Ocorre um "*amor fati* que leva as vítimas a consagrarem e a sacrificarem o destino que as determinara socialmente"[78]. O destino é vivenciado como um projeto livre. O dominado encontra até mesmo gosto em sua condição negativa. Assim, a pobreza vira um estilo de vida que se escolhe por si mesmo. Coerção e opressão são vivenciadas como liberdade. O hábito orienta as ações de tal modo

---

[76] Cf. BOURDIEU, P. *Satz und Gegensatz* – Über die Verantwortung des Intellektuellen. Berlim [Frases e oposições – Sobre a responsabilidade do intelectual]. Berlim 1989, p. 43: "Obediência política repercute na postura, nas dobras, nos hábitos do corpo, assim como no automatismo do cérebro".

[77] BOURDIEU, P. *Die feinen Unterschiede* – Kritik der gesellschaftlichen Urteilskraft [A distinção fina – Crítica do julgamento social]. Frankfurt a. M., 1982, p. 290.

[78] BOURDIEU, P. Die männliche Herrschaft [O domínio masculino]. In: DÖLLING, I. & KRAIS, B. (eds.). *Ein alltägliches Spiel* – Geschlechterkonstruktion in der sozialen Praxis [Um jogo cotidiano – Construção de gênero na práxis social]. Frankfurt a. M., 1997, p. 153-217, aqui p. 162.

que as relações dominantes de poder se reproduzem no interior de uma fundamentação racional de uma maneira quase mágica. A teoria do hábito de Bourdieu torna subitamente mais claro que o poder não precisa aparecer como coerção. Ao contrário, mais poderoso, o mais estável, de todos os poderes está ali onde se produz a sensação de liberdade, onde nenhuma violência é preciso. A liberdade pode ser um fato ou uma aparência. Mas opera estabilizando o poder, ela lhe é constitutiva.

O poder que se estabelece ou se consolida pelo hábito trabalha em um âmbito simbólico. Ele alcança sua efetividade "não no âmbito da força física, mas no do sentido e do reconhecimento"[79], fazendo uso de signos e estruturas

---

79 BOURDIEU, P. *Satz und Gegensatz...* Op. cit., p. 43: "Por exemplo, é o elegante, o latim fala em um *nobilis*, um homem 'conhecido', 'reconhecido'. Assim que se retira livremente o fisicalismo das relações de força e se busca introduzir as relações simbólicas de reconhecimento, se tem mais perspectivas, graças à lógica das alternativas de coerção, de novamente ser vítima da tradição da filosofia do sujeito, da consciência e de representar esse ato de reconhecimento como ações livres da opressão e do acordo oculto. Mas implicado nisso, então, nem o sentido nem o reconhecimento da consciência [...]. Os atores sociais, dentre os quais também os dominados, estão atados ao mun-

de sentido. É preciso estabelecer uma determinada visão de mundo ou um determinado sistema de valor que legitime o domínio de um grupo. Os que estão submetidos ao poder se adicionam nesse sistema como se fosse uma ordem natural. Aqui, o poder opera ao formar o horizonte de sentido e de compreensão dos dominados. Ele gera uma *continuidade de sentido* na qual a camada dominante fica *em si*. Ao mesmo tempo, é uma *continuidade do self*. Essa continuidade do poder não opera pela proibição, mas mais propriamente pelas *autocompreensividades*. Essas vivências de sentido ocorrem sobretudo de maneira pré-consciente. O sentido social sempre contém uma dimensão do poder e do domínio. Nele, diversos interesses se expressam. É a sedimentação do poder que opera simbolicamente. O poder nunca está *nu*. Ao contrário, é *eloquente*. Ele se estabelece ao produzir perspectivas e modelos de interpretação que atendem à

---

do social (quão detestável e revoltante isso possa ser) pela cumplicidade aceita que faz com que determinados aspectos desse mundo permaneçam sempre além ou aquém do questionamento crítico".

legitimação e à manutenção de uma ordem dominante. Também são efetivas no âmbito somático. Como uma "necessidade social que se transformou em reações automáticas do corpo e padrão motor, tornando-se natureza", o sentido social zela para que as ações sejam "*razoáveis*, ou seja, dotadas de compreensão cotidiana". Essa compreensão, contudo, ocorre de maneira imediata, como reflexos do costume. Assim, o sentido não é questionado: "Porque os atores nunca sabem exatamente o que estão fazendo, sua atividade tem mais sentido do que eles mesmos sabem"[80].

O poder não se inscreve apenas no hábito. A nacionalização de uma massa ou a formação de uma cultura nacional, que ocorrem por símbolos ou narrativas, produz uma continuidade de sentido das quais o poder se utiliza. A fragmentação não é eficaz ao poder. O estabelecimento de uma estrutura nacional homogênea de sentido garante a lealdade da massa e,

---

80 BOURDIEU, P. *Sozialer Sinn* – Kritik der theoretischen Vernunft [Sentido social – Crítica da razão teórica]. Frankfurt a. M., 1987, p. 127.

com isso, o domínio. Assim, a semântica cotidiana do poder também tem nisso sua validez.

Se for aplicada a teoria do hábito na análise da "cotidianidade" de Heidegger em *Ser e tempo*, esta poderá ser reinterpretada a partir de uma perspectiva sociológica[81]. Em sua fenomenologia da cotidianidade, Heidegger fala da "interpretação prévia e aberta" que determina o "entendimento mediano"[82], ou seja, a percepção *normal*, a visão *normal* de mundo. Ela domina "todas as interpretações do mundo e do ser-aí e contém em todo direito"[83]. Ela funciona, assim, como uma *continuidade de sentido* ou como um horizonte de sentido que influi em como as coisas e ações são compreendidas *deste modo e não de outro*. Ela promove uma escolha ou controle determinados do sentido. O sujeito do "entendimento mediano"

---

81 Embora Bourdieu tenha lidado de maneira intensiva com Heidegger, passou-lhe despercebida a possibilidade de ler a fenomenologia da cotidianidade de Heidegger por uma lógica do poder.

82 HEIDEGGER, M. *Sein und Zeit* [*Ser e tempo*]. 17. ed. Tübingen, 1993, p. 167s.

83 Ibid., p. 127.

chama-se simplesmente "a gente". A gente vê, age, julga, como *as pessoas* veem, agem e julgam: "a gente, que não é determinada, e que são todo mundo, embora não como soma, ditam o modo de ser da cotidianidade"[84].

A "interpretação prévia e aberta" permite diferentes interpretações. Pode ser entendida como a "opinião aberta" que, no fim das contas, baseia-se nas convicções ou valores comuns. Vista desse modo, não reflete incondicionalmente o interesse de poder dos dominantes. A "interpretação prévia e aberta" pode, contudo, também ser interpretada como a visão de mundo *orientante*. Ela "alivia"[85] o ser-aí por este não precisar *ele mesmo* interpretar ou conceber novamente o mundo. O pré-dado de um mundo *interpretado*, de uma "verdade" que não deveria ser questionada, gera um "alívio de ser": "e porque o a gente com o alívio de ser é permanentemente condescendente com o ser-aí respectivo, este mantém e consolida seu domínio persistente". Em ambos os casos,

---

84 Ibid.

85 Ibid.

a "interpretação prévia e aberta" forma uma continuidade de sentido que controla as ações e percepções. Passa a ser necessário ao poder ocupar justamente esse campo semântico para atingir uma efetividade e estabilidade maior.

Para Heidegger, o a gente representa uma grandeza ontológica. Pertence simplesmente "*à constituição positiva do ser-aí*"[86]. A ontologia do ser-aí não autoriza a pergunta sobre quais interesses de poder, quais poderiam ser os processos políticos ou interesses econômicos na formação do a gente que "interpretam prévia e abertamente". Para a descrição do a gente, Heidegger, contudo, emprega termos que estão dentro da lógica do poder. Ele indica que a "interpretação prévia e aberta" pode ser entendida, por exemplo, como "domínio"[87]. Ela "vigia", diz Heidegger, "cada exceção que aparece". Cada desvio é "suprimido sem ruído"[88]. Essa prática de "nivelamento" normaliza, gerando uma continuidade de sentido "media-

---

86 Ibid., p. 129.

87 Ibid., p. 169.

88 Ibid., p. 127.

na". É também sobre o "poder" que se está falando: "A gente mesmo pertence aos outros e consolida seu poder. 'Os outros', que a gente chama assim para esconder o próprio pertencimento essencial a eles, são os que em geral e primeiramente '*estão aí*' no ser-uns-com-os-outros. O quem não é esse ou aquele, não a gente mesmo e não uns nem a soma de todos. O 'quem' é o neutro, *a gente*"[89].

A "ditadura"[90] do a gente não opera por opressão ou proibição. Ao contrário, assume a figura do habitual. É uma *ditadura da autocompreensibilidade*. O poder que opera no cotidiano é mais eficiente e estável do que o poder que se exerce proferindo ordens ou praticando coerções. Sua efetividade baseia-se na imanência de se *ser* a gente. O a gente não é sofrido pelo "se" como coerção. Cada pessoa *é* a gente. O "hábito" de Bourdieu tem uma estrutura parecida. A coerção é vivenciada como liberdade, como quase natureza, por meio de uma *incorporação*.

---

89 Ibid., p. 126.

90 Ibid.

Ao se ler a ontologia da cotidianidade de Heidegger de maneira sociológica, pode-se então relacionar o a gente ao poder simbólico que, segundo Bourdieu, gera um "entendimento cotidiano". Este poder desenvolve sua efetivação na medida em que se inscreve no horizonte de sentido da esfera pública, aberta, e em que produz efeitos de normalização, *reflexos de sentido* sobre os quais não se têm necessidade alguma de se *refletir*. Seria possível pensar em diferentes contextos de interesse, processos históricos ou relações de produção que influenciariam a formação do a gente.

A normalização do a gente pode ser encontrada já no âmbito afetivo, somático. Ela ocupa a camada da *Befindlichkeit*, isto é, disposição ou disposição afetiva, e da *Stimmung*, disposição ou afinação: "a esfera pública como o modo de ser do a gente [...] não apenas tem sobretudo sua disposição, ela precisa de afinação e a 'faz' para si"[91]. Essa camada afetiva do

---

[91] Ibid., p. 138. Bourdieu não refere o "a gente" ao poder, mas alude ao caráter habitual do ânimo [*Stimmung*] que, diz Bourdieu, "remanescendo do lado da fala, não pode ser reduzido à objetivação na fala ou em qualquer outra forma

a gente confere-lhe uma efetividade particular. Ela opera dentro da consciência.

O poder normalizador do a gente não domina *sobre* o contexto de vida cotidiano. Ele atua, ao contrário, *a partir dele*. Seu *caráter imanente* proporciona-lhe uma grande estabilidade. É ao determinar o *si* mesmo, é ao descrever o entendimento cotidiano, que ele atua. No lugar do soberano que seria um *alguém* particular, aparece um "ninguém": O *a gente*, com o qual se responde a pergunta pelo *quem* do ser-aí cotidiano, é o *ninguém* ao qual todo ser-aí em ser-entre-uns-e-outros já a cada vez se entregaram"[92]. O poder fica, por assim dizer, indestrutível ali onde é percebido como poder de *ninguém*, ou seja, não percebido como *próprio*. Ficaria instável, ao contrário, "vulnerável", caso tivesse que *se* impor na forma da proibição, opressão e da exclusão[93].

---

de expressão" (BOURDIEU, P. *Die politische Ontologie Martin Heideggers* [A ontologia política de Martin Heidegger]. Frankfurt a. M., 1976, p. 43.

92 HEIDEGGER, M. *Sein und Zeit*. Op. cit. p. 128.

93 FOUCAULT, M. *Mikrophysik der Macht...* Op. cit., p. 109.

No ser-com-outros cotidiano, o ser-aí fica "na *sujeição* dos outros". Com isso, é privado, por assim dizer, de sua *autonomia*: "Não *é* ele mesmo, os outros retiraram-lhe o ser. O bel-prazer dos outros dispôs sobre as possibilidades de ser cotidianas do ser-aí"[94]. Heidegger contrapõe a esse "domínio do outro", ou seja, do a gente, a "existência autêntica", a "resolução para si". Vale, portanto, contra a "ditadura" do a gente, escolher a *si mesmo*, adotar a *si mesmo*. Aspira-se por uma *soberania do self*. Soberania significa aqui se libertar do ditado do a gente, da continuidade de sentido da "interpretação pública". Essa resolução não leva, contudo, o ser-aí para além do que *faticamente* já se encontra. O ser-aí se vê, diz Heidegger, *lançado* na "possibilidade fática", no contexto fático de vida. A liberdade, portanto, é possível apenas no âmbito de um "estar lançado". Liberdade e "estar lançado" não se excluem fundamentalmente.

---

94 HEIDEGGER, M. *Sein und Zeit*. Op. cit. p. 126.

Uma vez que Heidegger desliga totalmente a ontologia da sociologia, ele acaba não sendo capaz de reconhecer a possibilidade de que o "estar lançado" [*Geworfenheit*] seja um *estar submetido* [*Unterworfenheit*], a possibilidade de que o "estar projetado" [*Entworfenheit*][95] baseia-se em um *estar submetido*. O ser-aí projeta-*se* em uma ordem dominante ao submeter-se em uma continuidade de sentido, em uma "interpretação do ser-aí e do mundo" determinadas. A proximidade entre estar lançado e estar submetido não é condicionada apenas "ontologicamente", mas também sociologicamente. A ontologia da cotidianidade de Heidegger escapa do reconhecimento de que a compreensão cotidiana possa estar associada ao "entendimento cotidiano" que projeta um "poder simbólico".

O poder alcança grande estabilidade quando surge como "a gente", quando se inscreve na "cotidianidade". Não a coerção, mas a automação do hábito aumenta sua efetividade.

---

95 Ibid., p. 147.

Um poder absoluto seria aquele que nunca aparecesse, que nunca fosse assinalado, que, ao contrário, se fundisse completamente na autocompreensividade. *O poder resplandece pela ausência.*

Metafísica do poder

Ao ser perguntado sobre se a filosofia teria algo a dizer sobre o porquê da tendência do ser humano de exercer o poder, Foucault respondeu que quanto mais livre forem os seres humanos em suas relações uns com os outros, maior será seu desejo de determinar o comportamento dos outros. O desejo será tão maior quanto mais aberto o jogo, quanto mais variados tipos de jogo existirem nos quais seja possível dirigir o comportamento dos outros. Nas sociedades, em contrapartida, nas quais a possibilidade de jogo não estejam dadas, o desejo de poder também se reduz.

O poder exige, é claro, *terrenos de jogo* para atuar. Sem eles, haveria apenas violência e coerção. O conceito de poder por assim dizer hedonista do último Foucault desloca demais, contudo, o poder em direção ao lúdico:

"o poder não é o mal. Poder quer dizer: jogo estratégico. Sabe-se bem que o poder não é o mal. Tome por exemplo as relações sexuais ou amorosas: em um modo aberto e estratégico de jogo, no qual as coisas podem se inverter e em que se deve exercer poder no outro, não há nada de mal, é parte do amor, da paixão, do desejo sexual"[96].

É possível que o poder pertença ao jogo. É possível também que esteja equipado com elementos lúdicos. Mas não *se baseia* no jogo. O jogo pode até mesmo ser usado como contrafigura do poder. Nada lúdica é a cobiça por mais e mais que, segundo Heidegger, é característica do poder: "O próprio poder é apenas na medida e enquanto for um querer-ter-mais-poder. Assim que essa vontade deixa de existir, o poder já não é mais poder, mesmo que o dominado ainda o tenha pela vio-

---

96 FOUCAULT, M. *Freiheit und Selbstsorge* – Interview 1984 und Vorlesung 1982 [Liberdade e cuidado-de-si – Entrevista de 1984 e aula de 1982]. Frankfurt a. M., 1985, p. 25ss. [Org. de Helmut Becker]. Vale ressaltar que Foucault começa a falar a respeito da liberdade quanto ao poder sobretudo nos anos de 1980. Nem em *Vigiar e punir*, nem em *Vontade de saber* se fala em liberdade.

lência"[97]. A vida não é autoconservação, mas autoafirmação: "A vida não tem apenas, como disse Darwin, o impulso pela autoconservação, mas é autoafirmação. O querer conservar-se responde apenas ao já dado; insistindo nisso, perde-se nele e fica cego perante a própria essência"[98]. Heidegger sempre retoma as palavras de Nietzsche: "o que o homem quer, o que cada mínima parte de um organismo vivo quer, é um *plus de poder*".

Ir-além-de-si é a característica principal do poder. Mas o sujeito do poder não *se* abandona ou *se* perde ao fazer isso. Ir-além-de-si

---

[97] HEIDEGGER, M. Nietzsche: Der Wille zur Macht als Kunst [Nietzsche: a vontade de poder como arte]. In: *Gesamtausgabe* [Obras completas]. Vol. 43. Frankfurt a. M., 1985, p. 70 [Org. de Bernd Heimbüchel].

[98] A aspiração por mais poder serve, para Hobbes, apenas à segurança e à concretização de uma vida boa: "Assim, coloco como inclinação universal de toda humanidade em primeiro lugar um anseio constante e infatigável por poder e mais poder que cessa apenas com a morte. E a causa disso não reside em que um homem pretende sempre mais felicidade do que ele já conseguiu, ou que ele não possa ser livre com um poder modesto, mas em que ele não possa assegurar-se do poder e dos meios para uma vida boa que ele já tem sem que conquiste mais" (HOBBES, T. *Leviathan*. Hamburgo, 1996, p. 81 [Trad. de Jutta Schlösser].

é, e isso é *o modo de caminhar do poder*, ao mesmo tempo ir-junto-de-si. Essa unidade de além-de-si e junto-de-si aumenta o *espaço do self*: "todo ser vivo mostra-se [...] como unidade de permanecer em si e impulso para além de si. [...] Quanto maior for a força que o impele para além de si sem perder a si mesmo, maior a pujança [...]"[99]. A pujança dos seres vivos consiste em se continuar para além de si, em ocupar mais espaço con*si*go.

Talvez Foucault não fosse, de fato, como ele mesmo confessava, um bom conhecedor da antropologia, da alma humana. O jogo desejante não é um fundamento antropológico do poder. Nietzsche está bem mais familiarizado com a alma humana do que Foucault. Em um fragmento, Nietzsche escreveu: "O desejo de poder se explica pela indisposição, experimentada centenas de vezes, da dependência, da impotência. Se não houver tal experiência, faltará também o desejo"[100]. O desejo

---

[99] TILLICH, P. Das Problem der Macht... Op. cit., p. 195.

[100] Friedrich Nietzsche, 1875-1879 [Fragmentos póstumos 1875-1879]. In: NIETZSCHE, F. *Sämtliche Werke* – Kritische

que se ajusta ao se exercer o poder tem a ver também com a experiência traumática da servidão e com a impotência. A sensação de desejo, que puxa para si o ganho de poder, é uma sensação de liberdade. Impotência significa estar entregue ao outro, *se* perder no outro. Poder, em contrapartida, significa estar no outro em *si mesmo*, ou seja, ser livre. A intensidade do desejo não depende, portanto, da abertura do jogo ou da diversidade de modos de jogo. Pode-se, ao contrário, remetê-la à continuidade do *self* que cresce com o poder.

Geralmente é ressaltado que a estrutura de poder exibe uma estrutura de mediação diferente. Um poder pobre ou sem mediação desenvolve uma estrutura de coerção que leva à opressão do outro. Com isso, se aproxima da violência. Do lado do poderoso, contudo, pode ocorrer uma sensação de liberdade. Aquele que detém o poder impõe *sua* decisão, *sua* escolha contra a vontade do outro. O su-

---

Studienausgabe [Obras reunidas – Edição crítica para estudo]. KSA 8 (Vol. 8). 2. ed. Munique/Berlim/Nova York, 1988, p. 425 [Org. por Giorgio Colli e Mazzino Montinari].

bordinado faz aquilo que o poderoso *quiser*. O poder gera uma continuidade do *self*, nesse caso sobretudo um *externo*, pois o subordinado age sem anuência *interna* segundo a vontade do poderoso. Ao poderoso é dada uma continuidade ao *self*, neste contexto, uma sensação de liberdade, à sua vontade de não se quebrar na vontade do outro. O subordinado ao poder tem renunciada sua alteridade, mesmo que externamente, em prol do poderoso. Ele poderia ainda escolher que acontecesse a decisão do poderoso em si, mesmo que contra a própria vontade, pela qual teria feito outra escolha. O poderoso vê no outro sua própria vontade. Essa percepção do *self* no outro é constitutiva para a sensação de poder. O subordinado ao poder, contudo, transfere essa forma de poder pobre de mediação em uma sensação de falta de liberdade. E é justamente essa partilha assimétrica da liberdade que torna esse poder instável.

O poder é para Nietzsche algo bem diferente do que jogo: "**Conquistar**: é a consequência natural de um poder excedente; [...]

a incorporação de sua própria imagem em matéria alheia"[101]. Viver é "imposição de suas próprias formas"[102]. O *ego* conquista o *alter* ao imprimir ou coagir sua própria imagem no *alter*. Aqui, o *alter* comporta-se como uma matéria passiva que apenas sofre a vontade do *ego*. O exercício de poder como "imposição de suas próprias formas" força uma continuidade do *ego* no *alter*. Desse modo, o *ego* vê no *alter* sua própria imagem, ou seja, a *si mesmo*. Uma vez que o *alter* reflete o *ego*, este regressa no *alter* a *si mesmo*. A força de seu poder é para o *ego* estar livre apesar da presença do *alter*, ou seja, estar consigo mesmo.

Nietzsche se demora em uma forma de poder que é pobre de mediações. A "imposição de suas próprias formas" pela "violação" e "dominação" não é a única possibilidade de criar a continuidade de si mesmo. Esse modelo do poder entende o *alter* como um material passivo que sofre a vontade do *ego* ou

---

[101] Friedrich Nietzsche, 1882-1884. Op. cit. KSA 10, p. 278.
[102] NIETZSCHE, F. *Jenseits von Gut und Böse*. Op. cit. KSA 5, p. 207.

para quem algo é impingido pelo *ego*. Mas se o *alter* for visto, em oposição a isso, como um indivíduo capaz de tomar decisões e de agir de maneira *ativa*, então a relação entre *ego* e *alter* se organiza de maneira essencialmente mais complexa. O *alter* pode integrar, assim, a decisão ou a escolha do *ego* de maneira ativa ao seu próprio projeto e executar o ato do *ego* como seu *próprio* ato, em vez de meramente *sofrê*-las passivamente. A ação do *alter* até pode corresponder à vontade do *ego*. Mas essa continuidade não é forçada unilateralmente pelo *ego*, mas querida pelo próprio *alter*. O *alter* segue, por assim dizer, de livre e espontânea vontade a vontade do *ego*. Ele faz da vontade do *ego* sua *própria* vontade. Desse modo, também o *alter* obtém a sensação de liberdade. Essa relação de poder é essencialmente mais estável do que a do poder pobre de mediação no qual o subordinado ao poder se comporta como um material passivo. Apesar da estrutura diferente de mediação, o poder do *ego*, em *ambas* constelações de poder, consiste em que ele *se* continue no *alter*, estando nele em si mesmo.

O poder é a capacidade de estar no outro em si mesmo. Não é apenas próprio do ser humano. Hegel o elevou a um princípio da vida em geral. Ele diferencia os vivos dos mortos: "O ser vivo opõe-se a uma natureza inorgânica, comportando-se como se estivesse em seu poder, e à qual se assimila. O resultado desse processo não é como no processo químico um produto neutro no qual a autonomia de ambos os lados que se contrapuseram é suspendido, mas o ser vivo se revela como abrangente sobre seu outro que não pode resistir ao seu poder. [...] O ser vivo une-se, desse modo, no outro apenas consigo mesmo"[103]. O poder do ser vivo se manifesta em não *se* perder no outro, em, ao contrário, "abrangendo sobre seu outro", ocupá-lo con*si*go e, desse modo, *se* continuar em seu outro. A passagem ao outro configura-se como uma passagem a si. O organismo é, diz Hegel, uma "união de si mes-

---

103 HEGEL, G.W.F. Enzyklopädie der philosophischen Wissenschaften I [Enciclopédia das Ciências Filosóficas I] In: HEGEL, G.W.F. *Werke in zwanzig Bänden* [Obra em vinte volumes]. Vol. 8. Frankfurt a. M., 1970, p. 375s. [Org. de Eva Moldenhauer e Karl Markus Michel].

mo consigo mesmo em seu processo externo", ou seja, em sua relação com o outro. Um ser vivo que não tem o poder de *se* unir no outro con*sigo*, decairá nesse outro, ou seja, na *tensão negativa* que gera nele o outro que penetra no ser vivo.

O poder é, para Hegel, já efetivo no nível mais elementar da vida. A digestão, desse modo, é já o processo do poder no qual o ser vivo leva consigo, aos poucos, seu outro à identidade. O ser vivo gera a identidade com o outro, ou seja, a continuidade de si mesmo, ao interiorizá-lo no que lhe é exterior. A interioridade digestiva torna o ser vivo capaz de transformar o externo em interno, ou seja, de voltar a si no outro.

Hegel descreve a atividade do espírito de um modo interessante como analogia da digestão. Com isso, destaca uma afinidade, no que tange à lógica do poder, entre digestão e atividade do espírito: "Todas as atividades do espírito não são senão diferentes modos de recondução do exterior à interioridade que é o próprio espírito, e apenas por essa recondução, por essa idealização ou assimilação do exterior ele se torna e é espírito"[104]. A característica fundamental do espírito é a interiorização. Ele suspende o outro, o externo em seu espaço interno. Ao fazer isso, fica no outro *em si, em casa*. O reconhecido ou o conceitual não é estranho ou externo ao espírito. Pertence a ele. É *seu* conteúdo: "Nomeadamente reconhecer significa anular o externo, o estranho da consciência e, nesse sentido, é a volta da subjetividade em si"[105]. A interiorização, a suspensão do exterior no interior, une digestão e compreender. Comer e beber é, segundo Hegel, a "compreensão inconsciente" das coisas[106].

Na mera visão, contudo, o espírito não está totalmente em si, pois está por demais *fora no mundo*. Não há "volta da subjetividade em si". O espírito que meramente observa fica ancorado ou dissipado no mundo: "na posição da mera *visão*, estamos *fora de nós* [...]. A inte-

---

[104] HEGEL, G.W.F. Enzyklopädie der philosophischen Wissenschaften III. In: Op. cit. Vol. 10, p. 21.

[105] HEGEL, G.W.F. Vorlesungen über die Philosophie der Geschichte [Lições sobre a filosofia da história]. In: HEGEL, G.W.F. *Werke in zwanzig Bänden*. Op. cit. Vol. 12, p. 391.

[106] HEGEL, G.W.F. Enzyklopädie der philosophischen Wissenschaften II. In: Op. cit. Vol. 9, p. 485.

ligência é, aqui, *ancorar-se* na matéria externa, tornar-se uma com ela [...]. Por isso, ficamos altamente não livres na visão"[107]. O espírito é, assim, "altamente não livre", porque, em vez de estar em si mesmo, está envolvido no exterior, permanecendo nas coisas.

Na representação o espírito é mais livre, ou seja, está mais *em si* do que na mera visão. Cada representação é uma representação *minha*. Ao contrário da mera visão, não estou ancorado nas coisas, mas as coloco expressamente *diante de mim*. Eu me ergo sobre as coisas ao quebrar a união imediata com elas, ao fazer uma imagem acima delas, *minha* imagem, na qual permaneço no meu interior: "assim, o espírito põe a visão como a *sua*, penetra-a, faz dela algo *interno* [...] e, com isso, *livre*. Por meio desse ir-para-si, ergue-se a inteligência ao estágio da *representação*. O espírito que representa *tem* a visão [...]"[108]. Eu *tenho* a visão. A representação é *minha* repre-

---

[107] HEGEL, G.W.F. Enzyklopädie der philosophischen Wissenschaften III. In: Op. cit. Vol. 10, p. 256.

[108] Ibid.

sentação. No *ter*, não estou fora, mas *em mim, em casa*. A representação como ter é *minha* posse. O poder transforma o mero ser no ter. Ele cuida para que o espírito não seja "arrastado em um fora espacial do outro, que, ao contrário, permeia seu simples *self* em clareza desanuviada pela variedade e que não o deixa chegar à subsistência independente"[109]. O poder do espírito consiste em afundar as coisas em sua interioridade, em *dobrar* o exterior no interior. Graças à *dobra* o espírito *atravessa a diversidade do mundo*. Essa *passagem à interiorização* gera uma continuidade do *self*.

O espírito que volta a si mesmo no outro habita o mundo como seu *espaço interior*. Estar-no-mundo significa estar-em-si-mesmo. Do ponto de vista de um objeto, ele aumenta sua interioridade ao afundar o mundo nela. Ele volta a si no exterior ao *virá*-lo interior. O espírito comprime-*se*, aumentando sua interioridade, Hegel fala até mesmo que ele "se interioriza" ou "se recorda" ao não permanecer ao *fora*, no objeto, mas recuperá-lo em

---

[109] Ibid., p. 22.

seu espaço interior: "Na medida em que a inteligência faz o objeto de algo *externo* a algo *interno*, ela interioriza a si mesma. Ambos, a ação de tornar interno o objeto e a recordação do espírito, é um e o mesmo"[110]. A "recordação interiorizante do espírito" significa que o espírito *segue em si* no objeto. Ele se expande, comprimindo sua interioridade *ao redor do objeto*, na medida em que faz com que se torne interior. Essa ação de "tornar interno" o objeto amplia sua interioridade, ficando, portanto, mais interno: "a *inteligência* se provou para nós como o espírito que *segue em si* no objeto, que *se recorda* nele e que conhece sua *interioridade* para o *objetivo*". É sobretudo o pensamento o que mais torna o espírito livre: "Portanto: o último cume da interioridade é o pensamento. O ser humano não é livre ao não pensar, pois se relaciona consigo como se fosse um outro"[111]. O ser humano não é livre enquanto se relacionar com o outro, com

---

110 Idid., p. 244.

111 HEGEL, G.W.F. Vorlesungen über die Philosophie der Geschichte [Lições sobre a filosofia da história]. In: HEGEL, G.W.F. *Werke in zwanzig Bänden*. Op. cit. Vol. 12, p. 521.

o externo, ou seja, enquanto ele não voltar a si mesmo no outro, enquanto a alteridade do outro não seja suspendida e virar *self*. Desse modo, acaba produzindo uma *continuidade do self*. Também a "vontade" aumenta a continuidade do *self* na medida em que tenta tornar objetiva sua interioridade, imprimindo no exterior seu interior. A vontade de poder é, visto desse modo, sempre uma vontade de *si*.

A ação de "fazer interno" do mundo como "recordação interiorizante do espírito" não precisa ocorrer de maneira violenta. Uma inclusão violenta, na qual o exterior seria coagido por um poder exterior a se interiorizar, representa apenas uma forma externa, sem mediação, da ação de "fazer interno". Hegel tem em vista um *vir-a-ser-interno do exterior*. O mundo, assim, não afunda em uma internalidade que lhe é estranha, mas *se interioriza a si mesmo* em um espaço interno. Hegel diria que o poder do espírito é totalmente diferente da violência, pois não anula ou violenta o outro, ao contrário, faz aparecer no outro o que ele já *é em si*, pois o pensamento não é *declarativo*, mas *esclarecedor*. É verdade que não se pressupõe violência da luz esclarecedora. Mas a luz do espírito é, contudo, uma luz particular, uma luz que *se* toca internamente, que vê a *si mesma* no *iluminado*. Ela tem *olhos*.

O poder é um fenômeno da interioridade e da subjetividade. Quem só precisasse se *recordar*, quem só permanecesse em seu *interior* ou em *si mesmo*, quem não tivesse exterioridade em geral, seria dotado de um poder absoluto. Onde coincidem totalmente *recordação* e *experiência*, não haveria impotência, nem *dor*. Interioridade infinita significa liberdade e poder infinitos.

A subjetividade é constitutiva do poder. Uma essência inorgânica até pode possuir uma estrutura centralizada. Mas não desenvolve uma estrutura de poder, pois não está animada pela subjetividade, pois não possui interioridade. O espaço do poder é *ipsocentrado*. É habitado por um *self* cuja intencionalidade é o querer-se. Também Paul Tillich conecta o poder com a subjetividade e a centralização: "Todas as estruturas de poder são organizadas ao redor de um centro, elas têm algo para o qual são dirigidas, para onde todas as partes se relacionam. [...] Quanto mais organizada for um ser, mais crescerá sua centralidade, e é ela que é alcançada pela forma suprema da consciência humana, na qual cada momento individual da vivência está relacionado ao centro do *self*. Isso leva ao pensamento de que até mesmo nos grupos sociais não apenas exista um centro – isso é evidente, senão nunca poderiam agir –, mas de que também nos grupos sociais se trata de um organismo, de que a potência desses grupos poderia ser pensada em analogia à potência dos organismos biológicos. Um organismo está tão mais desenvolvido quanto mais elementos diversos estejam organizados ao redor de seu centro. Por isso que o ser humano produz os organismos sociais mais ricos, mais universais e potentes, muito embora também possamos encontrar algo parecido no mundo animal"[112].

Para a biologia moderna, como percebe Luhmann, o organismo "não [é] mais um ser

---

112 TILLICH, P. Philosophie der Macht [Filosofia do poder]. In: ALBRECHT, R. (ed.). *Gesammelte Werke* – Vol. 9: Die religiöse Substanz der Kultur – Schriften zur Theologie der Kultur. Stuttgart, 1967, p. 205-232, aqui p. 223.

dotado de alma cujas forças integram as partes em um todo, mas um sistema adaptativo que reage útil e significativamente de maneira compensatória, substitutiva, bloqueadora ou organizadora às condições e acontecimentos cambiantes do meio ambiente por si próprios, para manter, deste modo, de modo invariável a sua própria estrutura [...]"[113]. A representação moderna do organismo não põe totalmente em questão, contudo, o conceito de Hegel do poder. O organismo deve sua *invariância* justamente ao poder que cuida para que o organismo *se* afirme nas condições e acontecimentos cambiantes do meio ambiente, ou seja, que cuida para que se mantenha invariado. Ele produz, nesse caso, também uma *continuidade do self*, capaz de fazer o organismo permanecer em si apesar da tensão negativa produzida pelo seu meio ambiente.

O ente é, até quando for finito, rodeado pelo outro. A autoafirmação implica que o ente

---

[113] LUHMANN, N. *Soziologische Aufklärung 1* – Aufsätze zur Theorie sozialer Systeme [Esclarecimentos sociológicos 1 – Ensaios para uma teoria do sistema social]. Opladen, 1984, p. 38s.

permaneça em si mesmo no contato com os outros. Sem essa continuidade do *self* seria necessário que perecesse na negatividade, na tensão negativa que o outro geraria. Quem não gestar a negatividade em si, quem não puder integrá-la em si, não tem poder para *ser*. Também Tillich devolve a potência do ser à capacidade dos seres vivos de superar a negatividade ou, como ele diz, o "não ser", ou seja, a quem não envolvê-la na autoafirmação: "tem-se mais potência de ser, porque deve ter sido superado mais não ser, e enquanto possa-se superá-lo. Quando não puder mais aguentar ou superar, então é a impotência total, o fim da potência de ser, o acontecimento. Esse é o risco de todo ser vivo. Quanto mais não ser o ser vivo puder portar em si, mais ameaçado está e, assim, mais potência de ser tem quando for incapaz de resistir a tal perigo. [...] Um processo de vida é tão potente quanto mais não ser puder incluir em sua autoafirmação, sem que se se destrua nessa empreitada"[114].

O poder é a habilidade do ser vivo de não *se* perder no outro na efetivação múltipla, de

---

114 TILLICH, P. Philosophie der Macht... Op. cit., p. 209.

se continuar para além das tenções negativas. Ele é "a possibilidade da autoafirmação apesar da negação interna e externa". Quem, em contrapartida, não permanecer na negatividade, incluindo-a em si, possui apenas uma potência de ser diminuta. Desse modo, neuróticos e "deus" estão, quanto à potência de ser, opostos um ao outro: "o neurótico é caracterizado por poder incluir apenas pouco não ser em si; por medo do não ser, fica restrito em seu pequeno, diminuto castelo. O ser humano mediano é capaz de carregar consigo determinada quantidade de não ser, já o criativo uma quantidade maior, e Deus, falando de maneira simbólica, uma quantidade infinita. A autoafirmação de um ser apesar do não ser é a expressão de sua potência de ser. Com isso, chegamos na raiz do conceito de poder"[115].

A autoafirmação não precisa ir em paralelo com a opressão ou com a negação do outro. Depende da estrutura de mediação. Havendo mediação intensiva, ela não é negadora ou exclusiva, mas integradora. "Deus" constitui

---

115 Ibid.

uma figura da mais alta mediação. Alguém violento seria, em oposição, um neurótico. Ele seria capaz de alcançar apenas por meio da violência a continuidade do *self*. Para isso, a autoafirmação neurótica extrairia a negação do outro para fora de si.

Um retorno neurótico em imagem de si congelada remete também a uma pequena potência de ser para Hegel. O espírito é "poder apenas na medida em que olha o negativo nos olhos, permanecendo nele"[116]. O espírito recebe, segundo a famosa frase de Hegel, "sua verdade apenas na medida em que, no dilaceramento absoluto, encontra a si mesmo". O poder do espírito produz a continuidade do *self* pelas tensões negativas que o *outro* provoca nele. Apenas quando há falta de mediação ele repele o *outro*. Desse modo, a pobreza de mediação, a falta de capacidade de mediar, leva a um espírito neurótico, fechado.

O poder que produz por uma interiorização do *outro* a continuidade do *self pode*, mas

---

116 HEGEL, G.W.F. Phänomenologie des Geistes [Fenomenologia do espírito]. In: HEGEL, G.W.F. *Werke in zwanzig Bänden*. Op. cit. Vol. 3, p. 36.

não precisa, aparecer como violência. É decisiva a relação de mediação entre o sujeito e o objeto. Hegel concebe o poder de tal modo que, havendo grande intensidade de mediação, ele perde seu caráter de violência. Se a mediação se tornar mais intensa, o sujeito não destrói o objeto. A internalização produz, ao contrário, e nisso consiste o uso particular do idealismo hegeliano, a identidade disponível *em si* entre sujeito e objeto. O objeto, portanto, não é o todo outro do sujeito. O objeto apresenta, ao contrário, uma proximidade ou isomorfia conceitual com o sujeito. A interiorização do objeto pelo sujeito *põe* esta proximidade disponível expressamente *em si*. O conceito como uma forma de interiorização não violenta, portanto, as coisas. Ao contrário, traz, diria Hegel, à luz algo que nele já está disponível *em si*, mas que não foi realizado *por si*, ou seja, poder elevar-se a objeto do saber. Conceituar as coisas não é, visto assim, uma apropriação violenta, mas um *deixar-aparecer* daquilo que já está disponível, por assim dizer, em germe nelas. A interiorização não é, desse modo, violação, mas reconciliação. Ela deixa algo aparecer que o sujeito e o objeto mediam um com o outro: "essa coleta, o contágio pelo outro com autocerteza contém imediatamente a reconciliação: a unidade do pensamento com o outro é *em si* disponível, pois a razão é o fundamento substancial tanto da consciência quanto do externo e do natural. Assim, o adversário também não é mais um do Outro lado, não é mais de outra natureza substancial"[117].

A "razão", para Hegel, não é somente uma ordem subjetiva à qual o objeto poderia ser violentamente oprimido. Ao contrário, ela é algo que é ativo e presente no próprio objeto. O sujeito no pensamento faz aparecer o que é *comum* a ele *e* ao objeto, a saber, o *universal*. Essa relação de mediação modifica a estrutura de poder. O poder não corresponde então a um único sujeito que se assimila ao objeto para voltar a si nele. Ao contrário, é o poder que *se* manifesta no *universal*, que *reúne* em uma totalidade o ente *singular*, ou seja, tanto o "sujeito" quanto o "objeto".

---

117 HEGEL, G.W.F. Vorlesungen über die Philosophie der Geschichte [Lições sobre a filosofia da história]. In: HEGEL, G.W.F. *Werke in zwanzig Bänden*. Op. cit. Vol. 12, p. 521.

Hegel define também o "conceito" como um poder: "Este é o poder do conceito que não dá ou perde sua universalidade na objetividade dispersa, mas faz abertamente dessa sua unidade justamente pela realidade e na mesma. Pois é seu próprio conceito que a unidade se conserve em seu outro consigo"[118]. O conceito é *universal* [*allgemein*] no sentido de que ele constitui e abarca o geral, que é *comum* [*gemein*] a *todas* [*all*] as aparições diferentes da realidade. O *Be-griff* greift, o con-ceito agarra, reunindo e mediando através de todas as aparições variadas, formando uma totalidade. Nessa medida ele é *Be*-griff, ou seja, con-ceito que agarra, ao radicalmente [*durch*greifend] conceituar-agarrar *tudo* em *si*. Em *tudo* ele está em *si mesmo*. Seu poder consiste nessa continuidade do *self*. Não *se* perde na "objetividade dispersa". Ele opera como a gravidade que reúne as partes de uma *unidade*. A volta-a-si-no-outro é também sua carac-

---

[118] HEGEL, G.W.F. Vorlesungen über die Ästhetik I [Lições sobre a estética I]. In: HEGEL, G.W.F. *Werke in zwanzig Bänden*. Op. cit. Vol. 13, p. 149.

terística essencial. A realidade é *seu* outro na medida em que ele *se* manifesta e *se* olha.

Ressalta-se com frequência que o poder é marcado diferentemente a cada vez segundo a estrutura de mediação. O poder do conceito tem intensidade de mediação, pois seu outro, a realidade, não é oprimida por ele. Ao contrário, ele vive *dentro* dela. Não *contra* a realidade, mas *na* realidade *se* manifesta o conceito. O poder do conceito é sem violência. Hegel diria: *violência é sem conceito*. Quanto mais conceito o poder incorporar em si, menos coerção e violência usará. A realidade torna-se, em *seu* conceito, *transparente*. Ele *a ilumina*, faz com que ela *seja*. A luz do conceito não a ofusca, pois é *sua* luz. A penetração luminosa do conceito e da realidade se chama *verdade*. Seria possível dizer, assim: *verdade é poder*.

O poder do conceito, do universal, é, nesse sentido, um "poder *livre*" ao não simplesmente "sujeitar" o outro, ou seja, a realidade, mas ao libertá-lo ou liberá-lo em sua essência. Não a violência, mas a liberdade determina a relação entre conceito e seu outro: "o universal é, desse modo, o poder *livre*; é ele mesmo e sobrepõe-se [*übergreifen*] no seu outro; não, contudo, como algo *violento*, mas, ao contrário, faz isso calmamente e estando em si mesmo. [...] é uma relação sua com o *diferente* apenas como *consigo mesmo*; no mesmo ele volta a si mesmo"[119]. Sobrepondo-se em seu outro, o universal não se depara com o seu "não". Ao contrário, a sobreposição é afirmada pelo outro como sua *própria* verdade. O outro se submete, obedecendo *em liberdade* a essa sobreposição. Aquele que sobrepõe está, dessa forma, no seu outro "calmo e em si mesmo", pois não encontra resistência. É dito "sim" para o que se sobrepõe. *Ser agarrado conceitualmente* pelo que se sobrepõe faz com que este se abra naquele. O poder absoluto não necessita de violência para ser utilizado. Ele está baseado em uma submissão *livre*.

Foucault defende a tese de que o ser humano seria "o resultado de uma submissão"

---

[119] HEGEL, G.W.F. Die Wissenschaft der Logik II [Ciência da lógica II]. HEGEL, G.W.F. *Werke in zwanzig Bänden*. Op. cit. Vol. 6, p. 277.

que seria "muito mais profunda" do que ele[120]. O ser humano, assim, deve sua identidade, sua "alma", à interiorização de um conteúdo que, para falar com Hegel, se *sobrepõe* a ele. Ele se submete à sobreposição na medida em que a interioriza, em que a torna conteúdo de sua identidade. O "sim" ao outro, que sobrepõe, é, nessa medida, uma submissão *primária* no momento em que a identidade daquele que se submete é *inicialmente constituída*. O poder não é aqui opressor ou violento. Ele gera, *inicialmente*, identidade, a "alma". A sobreposição *pode* portar traços violentos, pode virar assalto ou atropelo, se for pobre ou sem mediação. Hegel diria, contudo, que a sobreposição [*Übergriff*] violenta é uma sobreposição *sem conceito* [*ohne Begriff*], que ocorre *sem mediação*.

O poder atua primariamente de maneira não repressiva. Hegel toma conhecimento dele sobretudo na dimensão da mediação e da produção. Desse modo, acaba descrevendo também a criação do mundo segundo a lógica

---

120 Cf. FOUCAULT, M. *Überwachen und Strafen...* Op. cit., p. 42.

do poder. Embora Deus seja a "subjetividade", esta não se esgota na identidade abstrata, sem conteúdo, do "eu sou eu". Ele não permanece em um "silêncio e hermetismo eternos"[121]. Ao contrário, Ele *se* expressa ao produzir o outro, isto é, o mundo. Essa criação do mundo, contudo, não é uma simples passagem ao outro, mas volta a si. Deus se vê no mundo como *seu* outro. Ele volta no mundo a si. Esse voltar-a--si-no-outro é a característica fundamental do poder: "o poder é [...] *relação negativa consigo mesmo*". Ele é negativo, pois dele segue a autorreferência pelo outro, pois é o voltar--a-si-no-outro. A relação meramente positiva a si mesmo seria uma autorreferência que não teria relação com o outro. Esta seria a do "neurótico" de Tillich, incapaz de "relacionar-se negativamente consigo mesmo". Ele *se* perde na relação com o outro. Falta-lhe o poder que permite *dobrar* a referência ao outro em uma autorreferência. É decisivo para o poder essa dobra, essa *virada a si*.

---

121 HEGEL, G.W.F. Vorlesungen über die Philosophie der Religion II [Lições de filosofia da religião II]. In: HEGEL, G.W.F. *Werke in zwanzig Bänden*. Op. cit. Vol. 17, p. 55.

O poder promete liberdade. O poderoso é livre, pois consegue estar totalmente em si no outro. Deus é, diz Hegel, "livre, pois Ele é o poder de ser Ele Mesmo"[122]. Deus habita ou constrói uma *continuidade absoluta de si mesmo*. Não há ruptura, nem dilaceramento, nos quais Ele *se* perde. Não conhece um outro radical no qual Ele não seria *Ele Mesmo*. "Neurótico" não seria, talvez, apenas quem ficasse em seu "pequeno castelo apertado", em toda parte em si mesmo, em toda parte sendo *Ele Mesmo*. Em certa perspectiva, o "deus" de Hegel" ou o "espírito" ainda seria uma aparência dessa neurose.

Deus é poder. A concepção de Hegel da religião é integralmente dominada pela figura do poder. Com a autocompreensibilidade, ele ergue o poder à "determinação fundamental" da "religião em geral"[123]. Em nenhum momen-

---

[122] HEGEL, G.W.F. Berliner Schriften 1822-1831 [Escritos de Berlim 1822-1831]. In: HEGEL, G.W.F. *Werke in zwanzig Bänden*. Op. cit. Vol. 11, p. 373.

[123] HEGEL, G.W.F. Vorlesungen über die Philosophie der Religion I [Lições sobre a filosofia da religião I]. In: HEGEL, G.W.F. *Werke in zwanzig Bänden*. Op. cit. Vol. 16, p. 341.

to é considerada a possibilidade de que a religião poderia abrir um espaço totalmente desprovido da lógica do poder, de que a religião poderia ser uma experiência da *continuidade* que se diferencia fundamentalmente da *continuidade do self* gerada pelo poder, de que a religião poderia constituir justamente o movimento totalmente diferente da volta-a-si.

A religião desperta da experiência da finitude. É decisivo que o ser humano, ao contrário do animal, tenha uma *consciência* expressa de sua finitude, que seja incapaz de elevar sua finitude a objeto do *saber*. Isso leva a *dor* da sensação imediata até uma representação *universal* da finitude. Dessa capacidade de representação deriva-se que o ser humano pode *entristecer-se* e *chorar*, que o ser humano, ao contrário do animal, tem uma religião. À experiência da finitude pertence também o isolamento que leva a uma solidão fundamental. Do ponto de vista da consciência da finitude, desperta o anseio de superar a experiência dolorosa de *ser-limitado* e fugir da solidão do isolamento. A religião baseia-se na experiência do *limite* e do *isolamento* e no anseio pela sua superação.

A experiência da finitude ou limitação não se repete necessariamente no plano do poder. A limitação da existência humana não precisa ser a mesma da do poder. A experiência do poder limitado é apenas uma das experiências possíveis da finitude humana. A dor da finitude pode ser perfeitamente a dor de qualquer *limite* que me separa do outro, que apenas pode ser superada pela criação de uma continuidade particular. Essa continuidade que suspende o limite que separa, apresenta uma outra estrutura do que a da continuidade do *self* que o poder cria. Ela não tem a *intencionalidade da volta-a-si*. Não é o *self* que se esforça a estar apenas consigo no outro que anima o espaço i-limitado, a continuidade i-limitada do *ser*. A salvação não promete o poder, a volta-a-si, mas a partida para uma abertura ilimitada. A religião baseia-se, vista desse modo, no anseio por uma ausência de limites, por uma infinitude que, entretanto, não seria o poder infinito. O *ser para a infinitude* religioso, para a ausência de limites, pode, é claro, ser ocupado com a *cobiça* por um poder ilimitado, com uma *vontade* ilimitada por poder. Mas não *se baseia* nele. A religião é fundamentalmente *profundamente pacífica*. Ela é *bondade*.

Hegel descreve de maneira problemática o fenômeno da religião como inteiramente uma questão de pura concentração de poder. O cálculo de poder determina tal comunicação religiosa. No sacrifício reconhece-se primeiramente "que se está no *poder do outro*"[124]. Ao mesmo tempo, se exerce poder nos outros ao se exigir um efeito. O reconhecimento do poder do outro e a consciência do próprio poder de implorar domina a prática do sacrifício. E se a vítima não possuísse um sentido muito mais profundo que a colocaria em outro horizonte que não o da racionalidade segundo fins, da utilidade?

George Bataille pensa o sacrifício de maneira radicalmente diferente. Mesmo sem questionar a dimensão econômica do sacrifício, para ele o sentido profundo do sacrifício está fora

---

124 Ibid., p. 292.

do cálculo econômico. O sacrifício constitui uma antítese da utilidade e da economia. É *em fundamento* uma quebra e uma consumação particular: "Sacrificar significa dar, dar como se dá carvão no forno em brasa"[125]. O sacrifício reconduz a coisa ao estado da continuidade, ao não haver mais delimitação, nem separação entre sujeito e objeto, nem entre ser humano e mundo. É um ato da *des-coisificação* e da *des-limitação*. A coisa é retirada do contexto de coerção e da utilidade. Seu mistério lhe é devolvido. A continuidade *i-limitada* como a dimensão autêntica da religião é chamada por Bataille de "intimidade" ou "imanência". Assim falou seu sacerdote do sacrifício: "Eu te retiro, minha vítima, do mundo onde foras reduzida ao estado de coisa, onde só podias ser reduzida, e onde preservas um sentido exterior à tua natureza íntima. Eu te chamo de volta à intimidade do mundo divino, da imanência profunda de todos os entes"[126].

---

[125] BATAILLE, G. *Theorie der Religion* [Teoria da religião]. Munique, 1997, p. 44 [Org. e epílogo de Gerd Bergfleth].

[126] Ibid., p. 40.

A continuidade do poder é uma continuidade do *self*. Ao contrário do poder, a religião está ligada à experiência de uma continuidade *i-limitada* do *ser*. Ela é uma "volta ao momento" no qual o ser humano "era um com o universo, sem se diferenciar seja das estrelas, seja do sol"[127]. O estremecimento sentido em relação ao divino emana, segundo Bataille, da violência da des-limitação que suspende a diferença: "O sagrado é precisamente comparável à chama que destrói a madeira ao consumi-la. Ele é este contrário de uma coisa, o incêndio ilimitado, que se propaga, irradia calor e luz, inflama e cega, e aquilo que ele inflama e cega, por sua vez, subitamente, inflama e cega"[128].

A experiência da unidade não dividida do ser que Bataille invoca repetitivamente é orgiástica e regressiva. Seu projeto de uma filosofia da religião começa, sintomaticamente, com a "animalidade". Animais vivem, diz ele, já em uma continuidade do ser. Estão no mun-

---

127 Ibid., p. 145.
128 Ibid., p. 46s.

do "como a água na água"[129]. Por tal motivo, não precisam de religião. Exultam já na continuidade do ser[130]. Na unidade não dividida do ser, também não se forma qualquer relação de poder, já que ela pressuporia uma divisão: "na vida animal não há nada, assim, que introduza uma relação entre um senhor com aquele que ele comanda [...]"[131]. Alimentar-se do outro não gera luta, nem se-empoderar-do-outro. Na continuidade do ser não há nenhuma divisão entre si e o outro. Não é possível encontrar lá nenhuma assimilação, nem apropriação em sentido rigoroso, cuja formulação segundo a lógica do poder seria a volta-a-si-no-outro. Na unidade não dividida do ser, não seria possível haver uma divisão entre devorador e devorado: "Com frequência um animal come um outro, devorando ao seu *semelhante*: é nesse sentido que eu falo de imanência"[132].

---

[129] Ibid., p. 24.

[130] Essa representação está baseada, como se sabe, em uma projeção da imagem desejada humana no "animal" que é tão imaginário quanto o "humano".

[131] BATAILLE, G. *Theorie der Religion*. Op. cit., p. 20.

[132] Ibid., p. 19.

A continuidade batailleana do ser tenta excluir a relação de poder, mas acaba se aproximando totalmente das formas orgiásticas de *poder* que limitam e destroem, que retiram qualquer sentido, qualquer contexto segundo aos fins. Também nesse excesso de violência estaria completamente presente o "sagrado" que Bataille iguala com a chama destruidora. É, portanto, bem diferente da bondade. A "intimidade" afasta bastante a continuidade do ser da *abertura*.

A religião está baseada, é claro, como Bataille também reconheceu, em uma experiência da continuidade. Esse, contudo, é um fenômeno do *espírito* que estende-se muito mais vastamente do que a "animalidade" imaginária de Bataille. *Espírito* é, nessa medida, *bondade* ao gerar uma *continuidade do ser* sem, entretanto, cair em diferenças ou *formas* em uma chama que destrói tudo, que tudo consome. Por conta dessa bondade, o espírito não tem nada de orgiástico ou de destruidor.

Em *Ensaio sobre o cansaço*, Peter Handke invoca um cansaço *profundo*, no qual o eu recua pelo mundo. A profundeza do mundo é a do mundo que é acolhido como "mais do menos do eu"[133]. A existência não é mais dominada pela *ênfase do self*. No cansaço profundo, que não deixa surgir um cuidado de *si*, abre-se uma continuidade do *ser*[134]. "O outro se torna", diz Handke, "ao mesmo tempo eu". A coerção de unir-se consigo no outro, de estar em si mesmo no outro, dá lugar a uma serenidade. Pertence ao cansaço profundo que "ninguém e nada 'domine', ou mesmo que apenas [seja] 'hegemônico'"[135].

O cansaço profundo *inspira*: "a inspiração do cansaço diz menos o que se deve fazer do que o que se pode fazer"[136]. O "deus" de Goethe, o da "subjetividade, atividade, atualidade infinita", do "poder infinito", nunca se acaba em cansaço profundo. O "espírito" de Hegel

---

133 HANDKE, P. *Versuch über die Müdigkeit* [Ensaio sobre o cansaço]. Frankfurt a. M., 1992, p. 75.

134 O cansaço profundo é algo totalmente diferente do consumidor. A clara "luz do cansaço" (ibid., p. 52) faz com que formas sobrevenham. "Estrutura-se." Trata-se de um cansaço de "olhos claros" (p. 56). Nesse sentido também é amigável.

135 Ibid., p. 35.

136 Ibid., p. 74.

é um *fazer* por excelência, uma "*engrenagem absoluta*"[137]. Nunca poderia estar cansado. O cansaço profundo é a contrafigura do poder e da subjetividade que constituem o "espírito" de Hegel. Handke evoca um *espírito* bem diferente, uma *religião do cansaço profundo*. A "sociedade pentecostal como recebeu o espírito", diz Handke, se encontra em um cansaço profundo[138]. O espírito concilia e une. Nada fica isolado para si, mas "está sempre junto com os outros"[139]. O *espírito* que desperta no cansaço profundo não é outra coisa do que a *bondade*: "Bom. É igualmente a minha última imagem da humanidade: conciliar em seu derradeiro momento, em cansaço cósmico"[140].

---

[137] HEGEL, G.W.F. Vorlesungen über die Philosophie der Religion II [Lições sobre a filosofia da religião II]. In: HEGEL, G.W.F. *Werke in zwanzig Bänden*. Op. cit. Vol. 17, p. 316.

[138] HANDKE, P. *Versuch über die Müdigkeit*. Op. cit., p. 74.

[139] Ibid., p. 68.

[140] Ibid., p. 78.

Política do poder

"É soberano", escreve Carl Schmitt na *Teologia política*, "quem decide sobre o estado de exceção"[141]. Em caso de exceção, a norma jurídica é suspendida com vista à sua autoconservação. O estado de exceção faz aparecer especificamente uma ordem *antes* do direito, um *espaço* pré-jurídico do poder que *ordena*. O Estado fica mantido, enquanto o direito se retira.

O soberano *teólogo* que *decide* em caso de exceção tem um poder *absoluto* que exerce previamente a norma jurídica positiva. Ninguém pode julgá-lo. Em caso de exceção, ele decide quais são os interesses para a autoconservação que se eleva aqui a um *interesse*

---

141 SCHMITT, C. *Politische Theologie* – Vier Kapitel zur Lehre von der Souveränität. 4. ed. [Teologia política – Quatro capítulos sobre a lição de soberania]. 4. ed. Berlim, 1985, p. 11.

absoluto. Ele eleva-se sobre a norma jurídica e decide sobre sua validade. Ele é o sujeito da última decisão: "A decisão se faz livre de toda dependência normativa e fica absoluta em sentido próprio"[142]. O soberano não se diferencia da subjetividade que *se* quer, que esta decide por *si*. O estado de exceção manifesta-se justamente nessa *decisão por si* na forma mais pura. Ele unifica tal espaço-poder. E somente quem tem poder pode utilizar o estado emergencial da autoalienação ameaçadora e permanecer em *si mesmo*. O estado de exceção é a tentativa decisiva de retorno-a-si.

Na *Teologia política*, Schmitt cita Kierkegaard que põe a exceção pelo universal. A exceção pensa o universal "com paixão enérgica"[143]. Ela estabelece no dia tudo de maneira muito mais clara do que o universal. Assim, não é a normalidade que manifesta a essência da soberania, mas a exceção. Refletir sobre a normalidade, porém, pode dar mais luz do que Schmitt ou Kierkegaard acreditaram.

---

[142] Ibid., p. 19.

[143] Ibid., p. 22.

Hegel, esse filósofo genial do caso normal, que pensa o universal justamente com paixão enérgica, esclarece a essência da soberania pela normalidade. Ele afirma que para uma monarquia só é preciso um homem "que diga 'sim'"[144]. Com isso, quer dizer o "cume da decisão formal", ou seja, o soberano *formal* que passa a vigorar com esse "sim", com a lei. Esse "sim" corresponde exatamente ao "não" com o qual o soberano na exceção suspende a norma do direito. O "não" é também a expressão de uma autoafirmação incondicional. Exprime-se assim, em ambos os casos, a "subjetividade segura de si mesma" do soberano, ou seja, do estado, em outras palavras, a "*autodeterminação* [absoluta] da vontade na qual está a última decisão"[145]. A atividade desse soberano consiste na repetição de seu *nome* e do "eu quero". Depende desse *nome*. Ele é o "cume do qual é impossível ir mais longe", ou seja, a "vontade

---

[144] HEGEL, G.W.F. Grundlinien der Philosophie des Rechts [Linhas fundamentais da filosofia do direito]. In: HEGEL, G.W.F. *Werke in zwanzig Bänden*. Op. cit. Vol. 7, p. 451.

[145] Ibid., p. 444.

soberana, perfeita, que determina a si mesma, a última decisão"[146]. "Eu quero", ou melhor, "eu me quero", essa decisão para si incorpora a subjetividade do soberano, "*daquele que começa de si por excelência*"[147], e que representa a existência do estado. A vontade do soberano não fala, portanto, apenas na exceção, mas também na normalidade. O "não" na exceção é, talvez, *mais veemente* do que esse "sim" que é falado ininterruptamente. Mas tanto o "sim" quanto o "não" são a expressão da *vontade de si*, da subjetividade que é constitutiva para o estado como espaço do poder.

Tal soberano formal, mas, ao mesmo tempo, teólogo, do poder absoluto deve ser diferenciado do soberano real, *político*, que deve constantemente temer seu poder por ser um indivíduo humano. Ao contrário do soberano teólogo, ele tem um poder apenas relativo. E é justo Schmitt quem chama atenção para o monarca que se mete em uma dialética fatal do poder: "o indivíduo humano, em cuja mão

---

146 Ibid., p. 449.
147 Ibid., p. 446.

residem as maiores decisões políticas por um momento, pode formar sua vontade apenas sob condições e com meios já dados. O príncipe absoluto é dependente de notícias e informações e de seus conselheiros. [...] De tal modo que todo poder direto já está sempre submetido a influências indiretas"[148].

Ao redor do poderoso se forma uma "antessala" do poder, povoada por ministros, confessores, médico pessoal, secretários, camareiros e amantes, que acabam minando o autêntico espaço do poder, ameaçando derrubá-lo com intrigas e mentiras. A antessala do poder separa o poderoso do mundo completamente, de tal modo que "ele só alcança aqueles que ele domina indiretamente, ao mesmo tempo em que não alcança todos os outros homens submetidos ao poder, que também não mais o alcançam"[149]. Schmitt se orienta aqui novamente segundo a exceção. O universal pode pensar a exceção com paixão enérgica. Essa paixão,

---

148 SCHMITT, C. *Gespräche über die Macht...* Op. cit., p. 17ss.

149 Ibid., p. 20.

contudo, pode distorcer ou encobrir. A tese do "isolamento do poderoso pelo aparato inevitável do poder" não considera justamente sua efetividade constitutiva, ou seja, a *distribuição estrutural e constitutiva, a espacialização do poder*. O aparato do poder não necessariamente toma a figura de uma antessala do poder que corrói o espaço do poder. Para a atividade política do poder, um aparato *organizado* do poder em instituições é necessário. *Normalmente*, é totalmente diferente da "atmosfera da influência indireta". Em uma democracia parlamentar, além disso, a concentração de poder em picos ou em uma pessoa não existe. Não se forma o "corredor para a alma do poderoso" que apenas poucos podem entrar. A antiga antessala do poder afasta outras antessalas do poder, o *lobby*.

A dialética do poder que pode transformar isso em impotência é, para Schmitt, sobretudo um indício de que o poder constitui-se como uma "medida objetiva, autenticamente legal", da qual o ser humano não pode se apoderar. A complexidade e o caráter anônimo das organizações na sociedade moderna induz Schmitt à tese de que o poder "se passa" como a realidade da humanidade[150]. A bela fórmula *homo*

---

[150] O leviatã é, segundo Schmitt, "um além-do-homem composto de seres humanos que, pelo consenso humano, ocorre, e justo no momento em que ele existe, o consenso humano é superado" (SCHMITT, C. *Gespräche über die Macht...* Op. cit., p. 29). É a "máquina das máquinas", pois são os "pressupostos concretos de todas as outras máquinas técnicas". O leviatã e a técnica moderna têm, desse modo, a mesma origem. Ambos são formas de expressão do "superpoder", mais forte do que a "vontade de poder" (p. 29). Schmitt fala do "poder dos meios modernos de aniquilação" que "encontram e fazem uso da força dos indivíduos humanos", "superando-os", "superando tanto quanto as possibilidades das máquinas e procedimentos modernos permitem a força dos músculos e do cérebro humano" (p. 27). Schmitt hipostasia de modo problemático a técnica moderna em um poder à mercê do homem. Implora, assim, face essa impotência humana ao *humano*. A superação da técnica em um superpoder oculta, contudo, a verdade autêntica. A técnica é, na verdade, o meio do poder com o qual o ser humano *se* prolonga no exterior. Ela prolonga a percepção humana, o corpo humano, até mesmo os hábitos humanos no mundo. Com isso, torna o mundo parecido ao ser humano. Tanto o leviatã como os aparelhos técnicos assemelham-se muito ao ser humano. Assim, o ser humano pode permanecer no mundo em *si mesmo*. Mas com isso se reduz o perigo da autoalienação. Por toda parte o ser humano volta-se a si mesmo. Por toda parte ele olha para si mesmo. A técnica produz justamente o estar-em-si-mesmo-no-outro, um espaço no qual o ser humano *se continua*. Quando Heidegger elevou a técnica, assim como Schmitt, a poder humano, não reconheceu que a técnica porta um rosto tão humano que é a expressão, o resultado, do anseio humano por poder.

homini homo não é, portanto, mais válida. O poder transcende também "toda medida interpessoal do poder pensável pelo homem sobre o homem"[151]. Com a transferência do poder a uma realidade super-humana, Schmitt reage, dizendo que "poder e impotência [...] não mais se opõem olho a olho, nem homem a homem se olharão mais"[152], dizendo que o poder do poderoso individual de "transpirar uma situação" definha no interior de um "sistema de divisão de trabalho imprevisivelmente excessiva"[153].

Schmitt não é capaz, evidentemente, de lidar com a situação em que o poder priva o acesso de *um* indivíduo humano. Em vez de aceitar que a sociedade moderna sujeita ou descentra o poder em uma dispersão radical, ele hipostasia o poder como uma "realidade própria" à qual os seres humanos estão submetidos, os implicando uma dialética fatal. O ser humano deixa de ser soberano, pois o poder

---

151 SCHMITT, C. *Gespräche über die Macht...* Op. cit., p. 28.
152 Ibid., p. 29.
153 Ibid., p. 27ss.

retira dele sua vontade humana, pois deixa de poder *decidir*. Sobra apenas uma *confirmação do* ser *humano* para Schmitt: "*Ser humano, não obstante, continua sendo uma decisão*"[154].

A separação que Schmitt faz entre espaço do poder e sua antessala, entre poder direto e influência indireta, tem problemas. A antessala do poder que participa do poder é, ela mesma, uma parte do espaço do poder. A atmosfera das influências indiretas pode minar o espaço do poder e ocupar seu espaço vazio apenas porque eleva-se a um espaço de poder ela mesma. Tal "quarto de hospital no qual alguns amigos sentam na cama um homem paralisado e passam a reger o mundo"[155] é já um espaço de poder do poder. A antessala [*Vorraum*] é, na realidade, uma sala adjacente [*Nebenraum*]. A formação das *salas adjacentes* do poder é testemunha de que nenhum espaço [*Raum*] do poder humano pode se fechar completamente, totalmente em *si mesmo*, é testemunha de que o poder humano, dada sua fi-

---

154 Ibid., p. 32.

155 Ibid., p. 19.

nitude, está exposto constantemente ao perigo de uma autoalienação. Devido à *unidade* faltante, nenhum espaço de poder humano está livre de espaços ou salas adjacentes ou prévios, de antessalas. São, por assim dizer, suas *cicatrizes*. E é nessa finitude do poder humano que retorna a dialética da autoafirmação e da autoalienação.

Na teoria da antessala do poder de Schmitt é possível encontrar uma indicação interessante da dependência que o poder tem da *informação*. Sobre o pedido de demissão de Bismarck de março de 1890, Schmitt escreve: "O velho e experiente chanceler, o criador do reino, discute com o herdeiro inexperiente, o jovem rei e imperador Wilhelm II. Existe entre ambos diferenças concretas e de opinião sobre questões de política interna e externa. Mas o núcleo do pedido de demissão, o ponto mais gritante, é algo puramente formal: o conflito em relação à questão sobre como o chanceler pode se informar e como o rei e o imperador deve se informar"[156]. As mídias que hoje al-

---

156 Ibid., p. 21.

cançaram uma outra dimensão em relação à época de Bismarck, modificam radicalmente a *informática política*. Elas superam facilmente as barreiras da informação. Seria impossível, aqui, a formação de uma antessala do poder que pudesse separar totalmente o espaço do poder da esfera pública. Uma antessala do poder desse tipo seria rapidamente perfurada; rapidamente até mesmo pela técnica informática moderna.

Apesar de sua presença forte na política, as mídias *enquanto tal* não têm poder em sentido autêntico. A expressão corrente "poder das mídias" é enganosa. As mídias formam, na verdade, para utilizar a expressão de Schmitt, uma órbita de influências indiretas. Falta-lhes uma estrutura intencional explícita. O espaço das mídias é difuso e disperso demais. Em sua totalidade, não são comandadas por um agente ou instituição determinados. A dispersão e difusão estrutural que lhes é inerente não permitem uma atribuição explícita. São agentes e intenções diferentes demais que povoam o espaço midiático. O espaço da internet, sobretudo, não é *unilateral*, o que leva a um aumento radical da contingência. Além disso, é apropriado diferenciar poder e influência. Um poder que não possa exercer influência claramente não é poder. Não está ligado à formação de uma continuidade. Poderia ocorrer apenas *pontualmente*, enquanto o poder seria um fenômeno *espacial*. Embora as mídias não se organizam em si como *um* espaço do poder, múltiplas interações entre mídias e processos de poder são possíveis. As mídias podem ser cobradas pela ação no interior de uma estratégia do poder. Mas podem também operar de maneira desestabilizante para a ordem dominante. Por esse motivo, o poder totalitário procura ocupar os espaços midiáticos. E a formação de uma opinião pública não pode ser pensada separada do desenvolvimento midiático[157].

---

[157] Foucault também relaciona a formação da opinião pública com a escrita. Cf. FOUCAULT, M. *Überwachen und Strafen...* Op. cit., p. 122: "Que essas leis sejam publicadas, e cada qual possa ter acesso a elas; que se acabem as tradições orais e os costumes, mas se elabore uma legislação escrita, que seja 'o monumento estável do pacto social', que se imprimam textos para conhecimento de todos: 'Só

Em diligente orientação para a exceção, para a antessala pululante, Schmitt não pergunta em que medida o poder seria um fenômeno do espaço. A formação da antessala do poder informa pouco sobre o próprio modo de funcionamento do *espaço*-poder[158]. Embora o poder possa, de certo modo, se concentrar em uma ponta ou em uma pessoa, ele não pode ser *fundamentado* nessa ponta. Ele precisa, para ser poder, de um *espaço* que o suporte, o afirme e o legitime. O poder é, *mesmo* quando concentrado em um ponto, um acontecimento do *espaço*, de um conjunto ou de uma totalidade. Separar e isolar são ações prejudiciais ao poder. Ao contrário, são totalmente compatíveis com a violência. E ela pode con-

---

a imprensa pode tornar todo o público e não alguns particulares depositários do código sagrado das leis'".

[158] Em sua historiografia do Ocidente, Agamben também insiste com paixão enérgica no caso de exceção, tornando-o regra. Assim, os campos de concentração viram *"nomos* do moderno"* (AGAMBEN, G. *Homo sacer...* Op. cit., p. 175). Assim como o espaço do poder não pode ser explicado a partir da antessala, o espaço político da modernidade não pode ser derivado do campo de concentração. Se se observar os *casos normais* da história da humanidade, é preciso então alimentar a esperança de que o *humano por vir* não se chamará *homo sacer*, mas *homo liber*.

tribuir na geração de poder. Mas este não está baseado nela. A violência *não pode se espacializar*.

O poder cria uma continuidade. Isso vale tanto para a relação a dois quanto para a *polis*. O *ego* é capaz, caso estivesse isolado totalmente em si mesmo, de quebrar a vontade do *alter* apenas pela violência. O *ego*, em seu isolamento, não tem nenhum poder sobre o *alter*. Justamente pela ausência de poder o *ego* violenta o *alter*. A violência, portanto, é um sinal de *impotência*. O *ego* possui, em contrapartida, muito poder sobre o *alter*, quando o *alter* se submete livremente ao *ego*. Nesse caso, o *ego* se continua no *alter* sem se utilizar da violência. Por meio do poder, o *ego* é em si mesmo no *alter*. O poder forma essa *continuidade*, *espacializa* o *ego* e sua vontade. A violência ou a violação aprofunda, em contrapartida, a *ruptura*, reduz os *espaços*. Em uma constelação que não esteja centrada em um agente individual, o poder também gera uma continuidade. Ele forma a gravitação de uma totalidade que une e media as partes umas com as outras.

Em uma revolução, a violência pode estar em jogo. Mas decorre em vazio, contanto que seja *apenas* violência, ou seja, que não esteja ligada ao *poder*. Sem poder, sem o consentimento dos *outros*, a revolução está fadada ao fracasso. Mas tendo poder, este gera um *novo espaço*. Embora neste caso a violência possa ser *volumosa* [*raumgreifend*], ela nunca *criará espaços* [*raumschaffend*]. Embora ela possa ter um papel constitutivo no *surgimento* de um espaço político, o político não *se baseia* na violência, mas na vontade *comum* que cria uma *continuidade* de ação. Hegel escreve: "[...] embora o estado possa *surgir* pela *violência*, ele não se baseia nela [...]. No estado, o espírito do povo são o costume, a lei e os dominantes"[159]. O poder do *espírito* consiste, para Hegel, em gerar um *nós*, uma comunidade, uma continuidade que implique e inclua a todos. *Espírito é poder* na medida em que aquele gera um *conjunto* enfático, que tem por base uma determinação a *si*. À violência falta justamen-

---

[159] HEGEL, G.W.F. Enzyklopädie der philosophischen Wissenschaften III. In: Op. cit. Vol. 10, p. 221.

te esse poder da mediação, ou seja, o *espírito*. Apenas o poder pode criar o político.

Hannah Arendt tem bastante consciência da espacialidade do poder quando escreve: "O poder é o que nunca chega pelo cano da espingarda"[160]. Do fino cano da espingarda não surge um espaço. No fundo, é um espaço muito solitário. É a legitimação pelo outro, em contrapartida, que cria espaço e produz poder. A expressão "poder não violento" não seria, assim, um oximoro, mas um pleonasmo[161]. Um indivíduo pode até ser forte, mas nunca conseguirá *sozinho* criar o poder. Arendt devolve o poder ao ser-com enquanto tal: "O poder surge sempre quando os homens agem e atuam juntos e em conjunto, sua legitimidade não consiste nas metas e objetivos que um grupo põe a si mesmo; ela se origina da origem do poder que coincide com a fundação

---

160 ARENDT, H. *Macht und Gewalt* [Poder e violência]. Munique, 1970, p. 54.

161 O jovem Nietzsche não atinge a essência do poder ao escrever: "A violência dá o primeiro direito, e não há *direito* que em seu fundamento não seja prepotência, usurpação, violência" (NIETZSCHE. Nachgelassene Schriften 1870-1873. Op. cit. KSA 1, p. 770).

do grupo"[162]. O poder também é para Arendt um fenômeno da continuidade. O político pressupõe uma continuidade de ação.

O conceito "espaço da aparência" de Arendt leva o caráter espacial do poder à linguagem. A *polis* é, segundo Arendt, o "entre espacial", o "espaço da aparência", "que ilumina a cada vez, como um entre quando os homens estão conversando e atuando uns com os outros"[163], um espaço do ser-com "que surge por meio do aparecimento dos homens uns na frente dos outros, e no qual não apenas estão disponíveis como outras coisas vivas ou mortas, mas também aparecem expressamente"[164]. O espaço de aparência é um espaço que se ilumina na ação e na conversa conjunta uns com os outros. Arendt reúne o poder e o espaço de aparência sem mediação: "O poder é o que chama à existência e preserva na existência em geral o âmbito aberto, o espaço potencial de aparên-

---

162 ARENDT, H. *Macht und Gewalt*. Op. cit., p. 53.

163 ARENDT, H. *Vita activa oder Vom tätigen Leben* [Vita activa ou da vida ativa]. Munique, 1981, p. 199.

164 Ibid., p. 192.

cia entre quem age e quem fala"[165]. O poder é a luz que faz brilhar o *espaço político* onde ocorre a fala e a ação conjuntas uns com os outros. Arendt faz uso de maneira bem enfática e positiva do conceito de "poder". Ela fala, então, do "brilho que é próprio do poder, pois ele mesmo serve ao aparecer e ao brilhar"[166], ou da "claridade da abertura criada através do poder"[167]. Aparecer é mais do que existir. É *atuar* em sentido enfático. De tal modo que somente o poder produz uma "sensação de realidade" para além da "sensação de estar vivo"[168].

---

[165] Ibid., p. 194.

[166] Ibid., p. 199.

[167] Ibid., p. 201.

[168] Ibid., p. 192. O servo hegeliano que, por medo da morte, ou seja, por cuidado com a mera vida, foge do campo de batalha, não é capaz, segundo Arendt, de obter "sentimento de realidade". Ele prefere o "sentimento de vida". O senhor, por sua vez, para quem o poder é mais importante do que só-viver, se expõe ao perigo da morte, arriscando a vida. A luta por poder e reconhecimento abre aquele "espaço de aparência" no qual o ser humano não apenas está disponível como coisa, mas também expressamente aparece um de frente ao outro. Para Arendt, aqui começaria o político. Não o medo da morte, mas a liberdade da morte gera a realidade do político.

Habermas só poderia aplaudir esse conceito de poder que pode ser claramente chamado de "comunicativo". Citando Arendt, ele eleva a criação comunicativa de uma vontade universal a fenômeno fundamental do poder: "Hannah Arendt pressupõe um outro modelo de ação, um comunicativo: 'o poder origina-se da capacidade humana de não apenas agir ou atuar, mas de se unir com outros e de agir em conformidade com eles'. O fenômeno fundamental do poder não é a instrumentalização de uma vontade alheia para seu próprio fim, mas a formação de uma vontade comum em uma comunicação dirigida pelo entendimento"[169]. O poder origina-se do entre: "Ninguém possui propriamente o poder, ele ocorre entre os homens quando agem juntos, desaparecendo assim que voltam a se dispersar"[170].

A teoria do poder de Arendt está de fato em um âmbito bastante formal. O poder liberta o espaço de aparência em geral, a sensação

---

169 HABERMAS, J. *Philosophisch-politische Profile* [Perfis filosófico-políticos]. Frankfurt a. M., 1981, p. 229ss.

170 Ibid., p. 238.

de realidade em geral. Onde os homens agem juntos o poder *é*. O político é fundado nesse agir em conjunto que gera o poder. Esse conceito de poder formal ou abstrato certamente tem seu encanto. A pergunta é, contudo, se o poder pode de fato conduzir de volta a uma ação em conjunto enquanto tal ou se deve *adicionar algo* para que o espaço de aparência se torne *espaço do poder*.

Caso se siga de maneira consequente o modelo comunicativo, então a forma suprema do poder seria uma harmonia perfeita na qual *todos* se uniriam em uma ação comum. Contudo, a definição de Arendt da forma extrema do poder diz outra coisa: "O caso extremo do poder está dado em uma constelação: todos contra um, o caso extremo da violência na constelação: um contra todos"[171]. É convincente também a definição do caso extremo da violência: "um contra todos". A violência é mesmo um ato *solitário*. Não pode se apoiar no consentimento pelo outro. Seu polo oposto, ou seja, o caso extremo do poder, seria, então:

---

171 ARENDT, H. *Macht und Gewalt*. Op. cit., p. 43.

todos são um. Mas a definição de Arendt do caso extremo do poder é: "todos contra um". Por que esse "contra"? Em que medida o caso extremo do poder que deveria originar-se do consenso de todos ainda precisa de um "contra" ou do "um" contra o qual todos estão? O que revela, o que denuncia essa definição imprecisa? A qual característica central do poder se refere esse "contra" que foi incluído na definição do poder? Esse "contra" é mesmo um sinal de que o poder não é primariamente um fenômeno do junto, mas do *self*, de que é inerente à estrutura do poder uma subjetividade, uma decisão para *si* que, no entanto, aparece explicitamente apenas no caso de um *contra* no interior ou no exterior da estrutura de poder. O *self* aqui não está em um sentido abstrato. Ele denomina não apenas o *self* de um indivíduo humano, mas também o sujeito da vontade-de--*si* ou do retorno-ao-*si* que também é inerente a um grupo.

No momento em que um coletivo se decide a fazer uma ação, forma-se um *self* comum que *se* quer, que está decidido para *si*. Essa subjetividade, essa decisão para *si* torna-se explicitamente perceptível no momento em que o "um" se põe contra o coletivo. O poder do coletivo até pode não se basear em *um* contra, mas onde um contra não tocar o todo de maneira negativa, este manifesta sua decisão para si, ou seja, seu *self* que é próprio da estrutura de poder, ou seja, não apenas de um poderoso individual, mas também de um coletivo. No caso de um contra decidido, ocorre como que em um caso de exceção uma *contração do poder para si* que quer *se* conservar. A decisão para si baseia-se em uma vontade para si. Sem essa vontade para si, não surge uma estrutura de poder. Uma subjetividade mínima que *se repete* tem que estar posta em toda forma de poder. Só ela transforma o espaço do ser em um espaço de poder.

A teoria do poder de Arendt parte de uma ação em conjunto como tal. Mas ela não fica nesse âmbito sinergético-comunicativo. Ao contrário, ela se altera a um âmbito estratégico-polemológico, sem fazer com que essa passagem seja teoricamente plausível. Surge, assim, na definição do caso extremo do poder um *contra* que não conduz de volta à ação conjunta enquanto tal. Os exemplos que Arendt dá de poder portam todos um caráter estratégico-polemológico. Eles remetem a outro elemento constitutivo do político. O político, portanto, não pode ser reduzido em uma ação conjunta.

Em sua leitura de Arendt, Habermas ignora as rupturas interiores do conceito de poder arendtiano. Ele o reduz ao seu momento comunicativo. Habermas acredita que a ideia do poder comunicativo poderia ser deduzida de cada palavra de Arendt: "O poder, contudo, não pertence a ninguém, ele surge entre os homens quando agem juntos, e desaparece assim que voltam a se dispersar". Mas as linhas que seguem imediatamente dessas palavras se desviam completamente de Habermas: "Um pequeno grupo numérico, porém organizado, de homens pode, em épocas imprevisíveis, dominar grandes impérios e inumeráveis homens, e não é tão raro que historicamente povos pequenos e pobres alcancem a vitória sobre nações grandes e ricas. [...] O poder de poucos pode mesmo se mostrar em determinadas circunstâncias superior ao poder de muitos"[172]. Agir junto é, assim, uma ação estratégica, ou seja, que visa o êxito, lição justamente que deveria ser tirada dessas linhas. Isso torna a organização e a estratégia necessárias. Só por meio de uma organização efetiva, de uma boa estratégia, que um grupo numerosamente menor pode ser mais poderoso do que um grupo maior.

Que o poder não pode ser fundamentado apenas na comunicação e no entendimento é o que demonstram outros exemplos que Arendt mobiliza para descolar o poder da violência: "mesmo o regime despótico que conhecemos, o domínio de escravos que ultrapassa em número seu senhor, não se baseia na predominância dos meios violentos como tais, mas sim na organização refletida dos escravagistas solidários uns com os outros; se baseia, portanto, no poder"[173]. Aqui não se pode falar, portanto, de poder comunicativo. Justamente

---

[172] ARENDT, H. *Vita activa...* Op. cit., p. 194.

[173] ARENDT, H. *Macht und Gewalt*. Op. cit., p. 51.

a mera "opinião" dos escravos não testemunha o poder do ponto de vista da organização, da estratégia dos dominantes. Os escravos não podiam se organizar, não podiam desenvolver uma estratégia. O poder do escravagista é a supremacia de um grupo graças a uma "organização refletida", ou seja, graças a uma estratégia efetiva. Não é um poder *comunicativo* orientado pelo entendimento, mas sim um poder *coletivo* orientado pelo êxito[174]. Habermas,

---

[174] Muito antes de Arendt, Paul Tillich já defendia a tese de que o poder está baseado em um projeto coletivo de ação. Cf. TILLICH, P. Die sozialistische Entscheidung [A decisão socialista]. In: ALBRECHT, R. (ed.). *Gesammelte Werke* [Obras reunidas] – Vol. 2: Christentum und soziale Gestaltung – Frühe Schriften zum Religiösen Sozialismus [Cristianismo e concepção social – Primeiros escritos sobre o socialismo religioso]. Stuttgart, 1962, p. 219-365, aqui p. 342s.: "Qual é o fundamento estrutural do poder? – A possibilidade de poder social está fundada no fato de uma vontade unificada ter que ser criada na sociedade. Uma vontade unificada, contudo, não acontece de nenhum outro modo senão pelos grupos estruturais ou por suas pessoalidades únicas, destacadas, que representam e fazem cumprir simultaneamente a unidade. *O poder é, portanto, a unidade social realizada*". Hobbes também conhecia a potência do poder coletivo. Cf. HOBBES, T. *Leviathan*. Op. cit., p. 69: "O maior poder humano é aquele que, composto do poder da maioria dos homens, é unificado pela concordância em uma pessoa natural ou estatal que fornece seu poder reunido independente de sua vontade, como o poder de uma comunidade; ou o po-

contudo, nivela o poder coletivo, tornando-o um efeito da comunicação orientada segundo o entendimento: "Hannah Arendt livra o conceito de poder do modelo de ação teleológica: o poder se forma na ação comunicativa, ele é um efeito de grupo do discurso, no qual o autofim de todos os participantes é o entendimento"[175]. Se fosse de fato o entendimento o único fim, o autofim, não se formaria, então, nenhum espaço de poder.

Arendt sempre liga o poder, provavelmente mesmo contra sua própria intenção, com a organização e a estratégia: "A violência, assim, sempre tem, do ponto de vista político interno, a função de um meio exterior de poder contra o criminoso ou os rebeldes, ou seja, contra indivíduos ou minorias em vias de desaparecer que recusam a dominação pela opinião coletiva da maioria. Normalmente, a supremacia dessa maioria e sua 'opinião' é representada

---

der independente da vontade de cada indivíduo, como o poder de um partido ou de diferentes partidos coligados".

[175] HABERMAS, J. *Philosophisch-politische Profile*. Op. cit., p. 231.

ou autorizada pela polícia que procede com violência contra aqueles que se eximem de seu comando. E mesmo na guerra, onde a violência nua parece ter realmente a última palavra, pode acontecer que permaneça sem efetividade uma enorme superioridade em meios de poder, se enfrentarem oponentes mal-equipados, mas bem-organizados e, assim, muito mais poderosos – como vimos no Vietnã"[176]. Essa passagem indica quão frequentemente em Arendt ocorre uma falta de acurácia argumentativa. Primeiro ela fala da violência do Estado baseada no poder da "opinião coletiva da maioria". Depois, ela passa a falar, sem mediação, do estado de direito na guerra, ou seja, da violência do Estado para a violência instrumentalizada na guerra, que ela gostaria de ter diferenciado do poder da "opinião". Mas ela destaca nessa passagem novamente a interação positiva entre poder e *organização*. Esse

---

[176] ARENDT, H. *Macht und Gewalt*. Op. cit., p. 52. Nessa passagem também fica claro que, no modelo arendtiano, falta um rigor argumentativo. Arendt troca, geralmente de modo associativo ou arbitrário, os níveis de argumentação. Essa troca faz com que o conceito não fique preciso.

poder da organização não pode ser facilmente reduzido ao poder da "opinião". Ele tem uma qualidade estratégica.

Ao tratar apenas do poder comunicativo, Habermas não vê essa proximidade entre poder e estratégia: "Para Hannah Arendt a ação estratégica também é apolítica [...]. Na arte da guerra é evidente o uso calculado de meios violentos, seja com o fim de intimidar ou de vencer e dominar o oponente. A acumulação de meios de aniquilação, contudo, não faz a superpotência mais poderosa – a força militar geralmente é suficientemente (como a Guerra do Vietnã mostrou) equivalente à impotência interior. Além disso, o exemplo da estratégia é feito para subsumir a ação estratégica em ação instrumental. [...] E, uma vez que o uso de meios militares racionais segundo um fim parece ter a mesma estrutura da utilização de instrumentos na criação de objetos ou no tratamento da natureza, Hannah Arendt iguala a ação estratégica, sem mais, com a instrumental. Ela se revela na estratégia bélica: a ação estratégica é não apenas violenta como instrumental; uma ação desse tipo está fora do âmbito do político"[177]. No seu exemplo, Arendt pensa a guerra também *politicamente*. A estratégia pertence ao político, e ela não deve ser idêntica com o instrumental. Habermas, contudo, afirma que Arendt iguala a ação estratégica "sem mais" com a instrumental. Esse não é o caso em Arendt. Seus exemplos mostram, ao contrário, que a ação estratégica não pode ser subsumida na ação instrumental. A que Habermas quer atribuir a vitória vietnamita? Em que se baseia seu poder? Arendt fundamenta o sucesso deles no fato de terem uma organização melhor. Até são "mal-equipados", mas são "bem-organizados". Por isso que o sucesso deles *também* tem um caráter estratégico. E se trata justamente de uma *guerra*. Habermas, ao contrário, quer separar tanto o poder estratégico quanto o instrumental do poder comunicativo. O poder comunicativo por si só, contudo, não leva nunca à vitória. O exemplo da Guerra do Vietnã ilustra jus-

---

[177] HABERMAS, J. *Philosophisch-politische Profile*. Op. cit., p. 241.

tamente uma vitória que é estratégica. A rígida separação que Habermas faz entre poder comunicativo e instrumental é problemática. Com ela, não são percebidos os *entre-espaços estratégicos* habitados pelo político.

O "fenômeno fundamental do poder" é, para Habermas, a "formação de uma vontade comum em uma comunicação orientada pelo entendimento". Esse modelo consensual reduz, contudo, fortemente a ocorrência de poder. Habermas eleva *um* aspecto do poder a "fenômeno fundamental do poder". A relação assimétrica entre sujeito que ordena e o que obedece *também* é uma relação de poder, embora não se funde em uma comunicação orientada pelo entendimento. O poder, em uma relação dual, se dirige justamente contra essa comunicação. Ele, na verdade, é *anunciativo*. Uma necessidade de poder não é necessariamente o fundamento, contudo, da necessidade de agir em comum com os outros.

O modelo comunicativo de Habermas ignora a dimensão estratégico-polemológica do poder. A teoria do poder orientada apenas pelo combate[178], contudo, perde a dimensão comunicativa ou coletiva do poder baseada no agir junto, na formação de uma vontade comum, de um *self* coletivo. Não é particularmente frutífero postular seja o combate, seja o consenso como "fenômeno fundamental do poder". Seria mais útil e significativo representar tanto o modelo do consenso quanto o do combate como *expressões diferentes de um único poder*. É necessário, portanto, um modelo capaz de postular *tanto* a "instrumentalização de uma vontade alheia para os próprios fins" *quanto também* a "formação de uma vontade geral em uma comunicação orientada pelo entendimento" como formas diferentes em que o poder pode aparecer.

Subjetividade e *continuidade*, ou *self* e *continuidade* são dois momentos estruturais que permanecem constantes em todos os modelos de poder. O poder é a possibilidade do *ego* de *se continuar* no *alter*. Ele gera uma *continuida-*

---

[178] Honneth também percebe o poder apenas pelo domínio e pela luta social. Com isso, falta-lhe a dimensão constitutiva do poder. Cf. HONNETH, A. *Kritik der Macht*... Op. cit.

de do self, na qual o *ego* está em si mesmo de modo inabalável. Também a estrutura política do poder, como o Estado, é uma *continuidade* que gera uma ordem abrangente. Indica, igualmente, uma estrutura da subjetividade. O coletivo surge como um *self*. Preserva ou afirma a *si mesmo*. Personagens como o chefe de Estado ou o soberano tornam aparente sua estrutura subjetiva.

Tanto o modelo do combate quanto o modelo coletivo ou consensual do poder baseiam-se nos chamados momentos estruturais do poder. A decisão comum ou a "concordância de muitos impulsos da vontade e de muitas intenções"[179] gera uma *continuidade de ação* suportado por um *self coletivo*. Também a relação de poder fundada no combate apresenta ambos momentos estruturais. O vencedor *se* continua no derrotado. Assim, ele permanece em *si mesmo* no outro vencido. O poder proporciona a ele, portanto, uma *continuidade do self*. *Em relação ao* momento estrutural do poder, o modelo do consenso e o do combate não

---

[179] ARENDT, H. *Vita activa...* Op. cit., p. 195.

estão mais opostos um ao outro. Nenhum dos dois modelos de poder, contudo, aparece de forma pura. O combate pressupõe, por exemplo, caso ocorra entre grupos, um agir junto decidido de participantes de cada um dos grupos. Não há, em contrapartida, agir conjunto que esteja totalmente livre de ação polemológica ou estratégica. Já a pluralidade de vontade modela estrategicamente a comunicação.

Após ter feito uma separação rigorosa entre a ação estratégica e o poder como "efeito de grupo" da ação comunicativa orientada pelo entendimento, Habermas tenta introduzir isso novamente no político. A expansão do político com a ação estratégica deve dar à produção comunicativa do poder uma "versão realista"[180]: "O conceito do político deve abranger também a concorrência pelo poder político e a utilização do poder no sistema político. A política não pode ser idêntica, como em Hannah Arendt, à práxis daqueles que discursam uns com os outros para agir comunitariamen-

---

180 HABERMAS, J. *Philosophisch-politische Profile*. Op. cit., p. 246.

te. Ao contrário, a teoria dominante restringe esse conceito ao fenômeno da concorrência pelo poder e da locação do poder, não fazendo jus à peculiaridade do fenômeno da criação do poder"[181]. Embora Habermas pretenda saber integrar o combate pelo poder no político, porque, contudo, enxerga o positivo do poder exclusivamente na ação comunicativa, ele acaba considerando a ação estratégica, orientada ao poder, de maneira problemática, como fonte de uma violência que oprime a comunicação: "Não obstante, não podemos excluir o conceito de político. Queremos compreender a violência exercida na ação estratégica como a capacidade de impedir outros indivíduos ou grupos de perceber seus interesses. Nesse sentido, a violência sempre pertenceu aos meios da conquista do poder e da afirmação de uma posse do poder"[182]. Essa violência exercida na

---

[181] Ibid., p. 245ss.

[182] Ibid., p. 242ss. A ideia abstrata do consenso faz com que toda divergência em relação a ele mesmo apareça como violência. Já nos anos de 1970, Habermas escreveu: "Se normas expressam interesses capazes de universalização, é porque estão baseadas em um consenso racional [...]. Se as normas não regerem interesses capazes de uni-

ação estratégica não é, certamente, uma violência aberta, mas uma violência que sabe até mesmo se disfarçar de poder legítimo. Habermas a chama de "violência estrutural", que ergue discretamente os "bloqueios comunicativos": "A violência estrutural não se manifesta *como violência*; ao contrário, ela bloqueia desapercebidamente as comunicações nas quais se formam e se reproduzem convicções legítimas. [...] ela pode tornar plausível que se formem convicções com as quais os sujeitos se enganam, bem como estão enganados de sua situação. [...] Nas comunicações sistematicamente limitadas, os participantes formam, subjetivamente e sem coerção, convicções, mas que são apenas ilusórias; com isso, gera comunicativamente um poder que, logo que for institucionalizado, pode ser utilizado contra os próprios participantes"[183].

---

versalização, é porque estão baseadas em violência [sic!]; podemos falar, então, de poder normativo" (HABERMAS, J. *Legitimationsprobleme im Spätkapitalismus* [Problemas de legitimação no capitalismo tardio]. Frankfurt a. M., 1973, p. 153).

183 HABERMAS, J. *Philosophisch-politische Profile*. Op. cit., p. 246s.

A apresentação de uma ação puramente orientada pelo entendimento ou de uma comunicação ilesa, sem distorções, faz com que a assimetria social apareça como violência. Às ideias abstratas de um poder criado apenas comunicativamente não pode ser dada uma "versão realista", pois se alarga o poder com uma ideia *tão abstrata quanto* de uma violência que parece ser inerente da ação estratégica enquanto tal. Muito mais realista é a ideia de uma comunicação *sempre já* estratégica. Assim, a ação estratégica não seria a fonte de uma "violência", mas sim um *momento constitutivo do poder* que, portanto, nunca poderia ser puramente comunicativo ou orientado segundo o entendimento.

Só ao se adotar uma ação comunicativa que seja ao mesmo tempo estratégica é possível obter uma "versão realista" do poder. Isso leva a um conceito flexível de poder que se manifesta diferentemente *a cada vez segundo a estrutura de mediação interior*. A violência refere-se apenas a uma constelação particular, na qual a mediação está reduzida a zero. Graças a essa falta de mediação, a violência toma dos participantes da comunicação *a sensação de liberdade*. Uma constelação de poder na qual o subordinado consente plenamente na dominação do outro não é, mesmo quando produz uma grande assimetria, uma relação de violência.

Ao contrário da violência, o poder não exclui a sensação de liberdade. Ele a produz até conscientemente para se estabilizar. As ideologias ou narrativas legitimadoras que estabelecem uma relação assimétrica nos canais da comunicação estariam fixados ainda no âmbito do poder. A violência nunca é uma *narrativa*. Com a menor das narrativas que seja uma tentativa de mediação, já começa o poder.

A política é mais do que um combate pelo poder materializado em um bem positivo em si. Nesse sentido, vai além da "política do poder". O político, contudo, esgota-se ainda menos na ação junta enquanto tal. A práxis política, em sentido enfático, é, ao contrário, a configuração ou a influência ativas da ação junta[184], que não serve, no entanto, a uma co-

---

184 Todas as tentativas das lideranças políticas de desenvolver espaços de decisão e produzir, com isso, poder, seriam suspeitas para Habermas. Concordando com Arendt,

municação meramente orientada segundo o entendimento, mas à imposição de interesses ou valores. Política é, desse modo, sempre *política do poder*, já que a comunicação política não pode ser separada da ação estratégica. O ser orientado meramente ao entendimento não é uma abstração apenas em relação ao político, mas também ao antropológico, e até mesmo ao ontológico. Não é o consenso, mas o *compromisso* como *compensação de poder* que torna a ação política importante. *Comprometer-se* significa: conceder a decisão de uma coisa à declaração de um juiz. O político é, portanto, uma práxis do *poder e da decisão*.

---

ele escreve: "Da perspectiva de uma teoria sistemática, a produção de poder aparece, portanto, como um problema que pode ser solucionado por meio do aumento de influência das lideranças políticas nas vontades da população. Na medida em que se dão por meio da coerção física, da persuasão e da manipulação, trata-se [...] de um aumento da violência, mas não de crescimento de poder do sistema político. Pois o poder só pode [...] ocorrer em estruturas de comunicação sem coerção; não pode ser gerado 'de cima'" (ibid., p. 245).

Ética do poder

Em *O nomos da terra*, Carl Schmitt chama atenção para a força fundadora de direito do chão, para a origem *"terrestre"* do direito. A "apropriação de terras" seria o "tipo originário de um processo constitutivo do direito". Ela fundaria "a ordem inicial espacializada, a origem de todas as outras ordens concretas e de todos os outros direitos"[185]. A apropriação de terras inaugura, portanto, o direito-*espaço em geral*, fazendo da terra um *lugar*. Ordem [*Ordnung*] é, para Schmitt, "*localização* [*Ortung*]"[186].

---

185 SCHMITT, C. *Der Nomos der Erde im Völkerrecht des Jus Publicum Europaeum* [O *nomos* da terra no direito internacional do Jus Publicum Europaeum]. Berlim, 1950, p. 19.

186 Tillich também constata a independência do poder em relação ao espaço: "A potência do ser é o poder de ter um espaço. Por isso, as lutas de todos os grupos sociais pelo espaço. Esse é o motivo da enorme importância do espaço geográfico e do combate pela posse do espaço geográfico

Em *A caminho da linguagem*, Heidegger também aponta para uma *localização*: "Originalmente, o nome 'lugar' significava a ponta da lança. Nela, corre tudo junto. O lugar reúne consigo no mais elevado e no mais externo"[187]. O lugar gera uma ordem, um "*nomos*"[188] que porta e une tudo que é, dando-lhe uma parada [*Halt*], uma estadia [*Aufenthalt*]. O lugar localiza, com isso, sem qualquer violência. A "reunião" não está sujeita a qualquer coerção. Uma mediação intensiva caracteriza o lugar de Heidegger. O lugar se "transluz" e "brilha" através da reunião, dando a ela o *próprio*. Ele "reúne consigo no mais elevado e no mais externo", porque não oprime a reunião, mas "a liberta em sua essência".

É interessante que Heidegger não medite mais sobre a morfologia do lugar. O lugar significa a *ponta da lança*. A *ponta* significa que

---

em todos os grupos de poder" (TILLICH, P. Philosophie der Macht... Op. cit., p. 229).

187 HEIDEGGER, M. *Unterwegs zur Sprache* [A caminho da linguagem]. Pfullingen 1959, p. 37.

188 HEIDEGGER, M. *Wegmarken* [Marcas do caminho]. Frankfurt a. M., 1967, p. 191.

o lugar é *centrado*. O lugar "recolhe" tudo para *si*. Ele, portanto, também está estruturado de maneira *ipsocentrada*. A ponta da lança, além disso, não é nem um pouco *amigável*. Pode-se pressupor violência e coerção de sua existência. Heidegger não leva em consideração essa possibilidade de repressão e de dominação. Ele percebe a *ponta* apenas como possibilidade de uma *mediação suprema*. Mas se o lugar for pobre de mediação, então a ponta da lança se tornará coercitiva e opressiva.

Heidegger não põe em relação a localização com o poder[189]. A morfologia do lugar permite, no entanto, a possibilidade de se interpretar a

---

189 Heidegger tem como objetivo "questionar metafisicamente em sua essência" o poder (HEIDEGGER, M. Die Geschichte des Seyns [A história do ser]. In: HEIDEGGER, M. *Gesamtausgabe* [Edições completas]. Vol. 69. Frankfurt a. M., 1998, p. 66 [Org. de Peter Trawny]). Mas ele percebe o poder apenas na configuração negativa da "maquinação" [*Machenschaft*]. Ele não reconhece nele qualquer positividade, pelo que acaba opondo-o ao "poder não necessitado" (ibid., p. 70). Tal "*nomos*" que não seria um "feito da razão humana", mas que assegura a "experiência do duradouro", o "amparo para todas as relações" (HEIDEGGER, M. *Wegmarken*. Op. cit., p. 191), não tem necessidade, deste modo, de poder. Assim, permanece velado para Heidegger a relação entre reunião, *logos* e poder.

própria localização como uma ocorrência do poder. O lugar "reúne em *si*", "recolhe para *si*". Todas as forças ficam juntas no pico, formando um *contínuo*. A principal caraterística do lugar é o para *si*. Recolhendo e reunindo tudo para si, ele forma uma *continuidade ipsocêntrica*. O para *si* e a formação de uma continuidade fazem da *localização* uma ocorrência do poder. Tal "ponta da lança", na qual tudo "se reúne", remete à *mesmidade* do lugar que *se* quer. Derrida também percebe que a representação da mesmidade e a do poder pertencem uma à outra: "A representação da força (*kratos*), do poder e da dominação está analiticamente contida no conceito da mesmidade"[190]. É nessa mesmidade que também se baseia a soberania de um lugar político. Propriedade, casa (*oikos*) ou capital pressupõe igualmente a mesmidade do lugar. Toda estrutura de poder é, portanto, *ipsocêntrica*.

O processo da globalização afrouxa a ligação territorial do poder. Estruturas de poder

---

[190] DERRIDA, J. *Schurken* – Zwei Essays über die Vernunft [Vadios – Dois ensaios sobre a razão]. Frankfurt a. M., 2003, p. 36.

transnacionais que parecem "quase-estados"[191] não estão vinculados a nenhum território. Não são *territoriais*. Para a formação ou ampliação do poder não é necessário aqui que ocorra uma "apropriação de terras" em sentido clássico. Entretanto, a globalização não anula completamente a lógica da localização. A localização significa a criação de um *espaço* organizado de maneira ipsocêntrica que reúna e recolha tudo para *si*. Nesse sentido, as estruturas de poder transnacionais fogem da "jaula do jogo de poder organizado territorial e nacionalmente". Mas elas não existem *sem lugar*. Elas ocupam novos espaços que, no entanto, não estão vinculados a algum território nacional. Em *nenhum lugar* é onde nenhum poder pode se estabelecer. No decorrer da globalização surgiu no campo de visão sobretudo o movimento de desterritorialização. Mas a globalização gera formas diferentes de *re-localização*. Nisso consiste sua dialética.

---

191 BECK, U. *Macht und Gegenmacht im globalen Zeitalter* [Poder e contrapoder na era global]. Frankfurt a. M., 2002, p. 104.

A ocorrência do poder é uma *localização* tanto no "*espaço* digital"[192] como no territorial. Uma vez que o *espaço se desenvolve* na época global sobretudo de maneira *digital*, ocorre também a localização digital. Para a formação e ampliação do poder seria preciso então uma *apropriação digital de terras*, um *ganho digital de espaço*. Em relação à lógica do poder, não há diferença essencial entre *localização terrestre* e *digital*[193]. Tem poder aqui quem conquista ou

---

[192] Cf. ibid., p. 96: "É sobretudo a economia que desenvolveu uma espécie tal de meta-poder na medida em que romperam a jaula do jogo de poder organizado por estados nacionais, de maneira territorial, conquistando novas estratégias de poder no campo digital perante os estados arraigados em seus territórios".

[193] O mercado global não é *enquanto tal* uma estrutura de poder, nem é difuso. Ele está disperso em uma miríade de estruturas de poder político ou econômico, o que torna impossível a formação de uma estrutura global de poder. Um poder *totalmente difuso* não é um poder. Uma dispersão total faz desaparecer mesmo a intencionalidade ipsocêntrica necessária para o estabelecimento de qualquer poder. Contudo, Beck hipostasia a economia global em um "poder difuso, *difuso porque*", diz Beck, "diz respeito a um poder anônimo, sem centro, sem imputabilidade e estrutura de responsabilidade" (BECK, U. *Macht und Gegenmacht im globalen Zeitalter*. Op. cit., p. 103). Uma empresa transnacional, em contrapartida, constitui

domina o espaço digital. Também o *mercado* é um espaço que pode ser ocupado através de uma *apropriação econômica de terra*. Luta-se por participações no mercado, assim como por *espaços*. O mercado global não tem mais formação *terrestre*. Mas não torna, com isso, a *localização* supérflua. Também aqui vale *se* posicionar, *se* situar. E "fusões" ou "aquisições" não se diferenciam essencialmente da *apropriação de terra*. Elas aumentam o poder.

A questão pela *eticização do poder* se põe quanto à estrutura de reunião do poder. O poder é centralizador. Ele centraliza tudo em *si* e em *um*. Se se põe a caminho de um absoluto, o que está ao redor ou a multiplicidade é percebida *apenas* como o *que será superado*. Os espaços que escapam do um ou que lhe resistem tornam-se, nesse processo, *deslocalizados* ou desvalorizados. A questão é se no poder *como tal* reside a força, a *bondade*, de situar

---

uma estrutura de poder. Sua organização descentralizada não significa uma difusão estrutural. Trata-se, na verdade, de uma dispersão estratégica. Uma organização descentralizada pode até mesmo gerar mais poder do que uma centralizada.

novamente a deslocalização[194]. O poder dispõe, é sabido, da capacidade de mediação. Ele não exclui necessariamente a liberdade. Mas a mediação *poderosa* tem um limite.

O poder é *ipsocêntrico*. No poder como tal reside a mesmidade. Todo lugar político ou econômico aspira a *si*, afirma-*se*. A vontade de *si* sempre já está contida no conceito de poder. Sem essa aspiração ipsocêntrica não ocorre estrutura de poder. Justamente tal "ponta da lança" remete a essa mesmidade imanente a toda estrutura de poder.

O caráter absoluto do poder consiste em uma *imunidade absoluta*, em uma inviolabili-

---

[194] Sobretudo os lugares totalitários produzem deslocalizações sem que precisem se apresentar enquanto tais e sem que sejam percebidas como parte do lugar. Assim, "campos de concentração" são deslocalizados. Agamben eleva os "campos", contudo, à "matriz oculta do político, na qual vivemos até hoje" (AGAMBEN, G. *Homo sacer* – Die souveräne Macht und das nackte Leben. Frankfurt a. M., 2002, p. 185), proclamando, de modo problemático, a deslocalização como fundamento do lugar. O lugar *pode* gerar uma deslocalização. Mas o lugar não se *fundamenta* nela. Um lugar com um alto grau de mediação não *deslocaliza*. Assim, o *homo liber* – talvez o humano por vir – não pressupõe necessariamente o *homo sacer*, que seria um preso, sem direitos, da deslocalização. A possibilidade da deslocalização leva, não obstante, novamente ao surgimento da pergunta pela *eticização do lugar*, ou seja, do poder.

dade absoluta do *self*. Derrida relaciona, assim, a eticização do poder com uma certa "autoimunidade"[195] que levaria a uma redução da mesmidade. Uma autoimunidade deve criar uma abertura para a "alteridade que não possa ser novamente unida pela mesmidade de um poder soberano e de um saber calculável"[196]. O uso feito por Derrida do termo "autoimunidade", contudo, tem seus problemas. Ela seria, caso levasse a uma autodestruição total, um mal absoluto. Ela estabelece uma anomia, uma anarquia, uma dissolução total do lugar ou da casa (*oikos*). Contudo, *sem casa* também não há hospitalidade. A eticização do poder exige, contudo, que o lugar vá além de sua aspiração ipsocêntrica, que garanta espaço, espaço de morada, não apenas ao *um*, mas também ao *múltiplo* e aos *que ficam ao lado*, que seja tocado por uma bondade originária, detendo em *si* essa aspiração, essa vontade. Da bondade provém um outro movimento do que do poder. O poder como tal carece da abertura para a alte-

---

[195] DERRIDA, J. *Schurken...* Op. cit., p. 206.
[196] Ibid., p. 198.

ridade. Ele tende para a *repetição do mesmo e do self*. Assim, reside também no capital que, como o lugar, corre para a ponta[197], a aspiração de *se* repetir e de *se* aumentar.

Também em Foucault a abordagem de uma ética do poder está presente. Nos anos de 1980 ele defendeu um conceito de poder dominado pela ideia de liberdade. Era de modo ranzinza que ele reagia quando confrontado com a pergunta: "O senhor vê poder em toda parte, portanto não há espaço para a liberdade". Foucault retrucava: "Quando em todo campo social há relações de poder, então é porque há liberdade em toda parte"[198]. Foucault procura

---

197 Capital, como *cap*, capitão ou capitólio, vem da palavra latina *caput*, e significa o "pico" ou o "principal".

198 FOUCAULT, M. *Freiheit und Selbstsorge...* Op. cit., p. 20. Deve-se observar, contudo, que as análises do poder de Foucault são dominadas em larga medida pelo modelo da luta: "Está claro que tudo que eu fiz no decorrer dos últimos anos parte do modelo da luta contra a opressão, e tenho procurado também até agora utilizá-la, incitando à reflexão, até mesmo porque em uma grande quantidade de pontos ainda foi elaborada de modo insuficiente, também porque, acredito, justamente ambos os conceitos, opressão e guerra, devem ser modificados consideravelmente, senão talvez até mesmo renunciados. De qualquer modo, acredito, é preciso refletir bem. [...] A

desvincular, então, a relação de poder da relação de dominação ou de coerção na medida em que vincula aquela de maneira íntima com a liberdade. Segundo esse conceito, a relação de poder não pressupõe simplesmente a liberdade porque o poder ocorreria apenas pela opressão da liberdade existente previamente do outro. Ao contrário, a liberdade representa um elemento importante, estrutural, da própria relação de poder. O poder é exercido, assim, apenas sobre "sujeitos livres". E esses devem permanecer livres para que a relação de poder continue existindo: "Ali onde as determinações estão saturadas, ali não existe relação de poder; a escravidão não é relação de

---

necessidade de refletir mais intensamente o conceito de opressão surge também de que tenho a impressão que ele, tão utilizado hoje para descrever os mecanismos e as atuações do poder, é totalmente insuficiente para sua análise" (FOUCAULT, M. *Dispositive der Macht*... Op. cit., p. 74). Apesar de estar cético quanto ao modelo da luta contra a opressão, Foucault não empreendeu nos anos de 1970 a tentativa de elevar a liberdade a uma característica do poder. Ele faz afundar a produtividade do poder – o tema de *Vigiar e punir* – novamente na "mais feroz das guerras, a de todos contra todos". A última frase de *Vigiar e punir* não leva a uma noção de liberdade, mas ao eterno "trovão retumbante da batalha".

poder, quando se está acorrentado com ferro (aí trata-se de uma relação de coerção física), mas apenas quando pode-se movimentar e, no limite, fugir. Poder e liberdade não se contrapõem, portanto, em uma relação de exclusão (onde o poder é exercido, desaparece a liberdade), mas ficam no interior de um jogo muito mais complexo: nesse jogo, a liberdade aparece plenamente como a condição de existência do poder [...]"[199].

O argumento de Foucault aqui não é muito rigoroso. A escravidão ainda é, mesmo que o escravo esteja acorrentado, uma relação de poder. Ele sempre tem a possibilidade de dizer "não", ou seja, mesmo que sob ameaça de morte, se negar a pertencer ao senhor. Nessa medida, o escravo acorrentado também é livre. Ele tem a *escolha* entre a morte e a obediência. Não exatamente a possibilidade de movimento ou de fuga, mas o "sim" é o que torna

---

[199] FOUCAULT, M. Das Subjekt und die Macht [O sujeito e o poder]. In: DREYFUS, H.L. & RABINOW, P. *Michel Foucault* – Jenseits von Strukturalismus und Hermeneutik [Para além do estruturalismo e da hermenêutica]. Weinheim, 1994, p. 241-261, aqui p. 255ss.

a escravidão uma relação de poder. O senhor perde o poder, em contrapartida, no momento em que o escravo se recusa a obedecê-lo. Não é importante se o escravo esteja acorrentado ou se tem possibilidade de fugir. A mínima liberdade, aqui a possibilidade de dizer "sim" ou "não", é a condição para a relação de poder. Ela não legitima, contudo, a suposição de que o poder seria um "jogo".

Ao contrário da violência pura que não permite nem "sim" nem "não", ou seja, qualquer *escolha*, fazendo do outro uma coisa absolutamente passiva[200], a relação de poder abrange certamente a possibilidade de resistência em si. "Não" é uma forma de resistência. Também o subordinado que obedece

---

200 Cf. ibid., p. 254: "Uma relação de violência age sobre um corpo, sobre as coisas; ela força, submete, quebra, destrói; ela fecha todas as possibilidades; não tem, portanto, junto de si, outro polo senão aquele da passividade; e, se encontra uma resistência, a única escolha é tentar reduzi-la. Uma relação de poder, ao contrário, se articula sobre dois elementos que lhes são indispensáveis por ser exatamente uma relação de poder: que 'o outro' (aquele sobre o qual ela se exerce) seja inteiramente reconhecido e mantido até o fim como o sujeito de ação; e que se abra, diante da relação de poder, todo um campo de respostas, reações, efeitos, invenções possíveis".

absolutamente ao poderoso por uma decisão *livre* tem, *em princípio*, a possibilidade de resistir. O poder, contudo, é o maior ali onde o poderoso em geral não é confrontado com resistência. Não existe resistência apenas na violência infinita, mas também no poder infinito. Assim, há perfeitamente uma relação de poder sem resistência. Foucault não reconhece essa constelação. Ele está centrado no paradigma da luta. Então adota a figura de uma competição: "Pois se estiver correto que no núcleo das relações de poder, assim como de suas condições de possibilidade constantes, há a revolta e as liberdades rebeldes, então não há relação de poder sem resistência, sem saída ou fuga, sem inversão eventual"[201].

O poder reside, segundo Foucault, no interior do novo conceito de momento de jogo que justamente é bloqueado no domínio, pois este não permite abertura, nem "reversibilidade de movimento". Esse conceito de domínio também tem seus problemas. O domínio não se opõe estritamente à relação de poder. O es-

---

201 Ibid., p. 259.

tado de dominação é um estado no qual a relação de poder alcança uma estabilidade. A *abertura* do *jogo* não está longe de ser um traço essencial do poder. O poder *tende justamente para reduzir a abertura*. Possivelmente, o *medo* da abertura e a instabilidade da cobiça leva a mais poder. O poder procura se consolidar, se estabilizar, na medida em que erradica os espaços de jogo abertos ou espaços imprevisíveis. Os espaços de poder são espaços estratégicos. A abertura estratégica, contudo, não é idêntica com a abertura desejante ou com a incerteza própria do jogo.

Se Foucault define o poder como um jogo "aberto" ou reivindica enfaticamente "práticas da liberdade", é ele também quem formula um conceito de poder *no qual está já contida uma certa crítica ao poder*. O poder como "jogo estratégico aberto" não é, como diz o próprio Foucault, "o que normalmente se chama de poder"[202]. O novo conceito de poder de Foucault surge de um *éthos da liberdade*. Vale, a saber, "se dar as regras do direito, as técnicas

---

202 FOUCAULT, M. *Freiheit und Selbstsorge...* Op. cit., p. 26.

de administração e também a moral, o *éthos*, a práxis do *self* que autorizam jogar, com a mínima utilização de dominação, no interior dos jogos de poder"[203]. Um *éthos* da liberdade zela, portanto, para que o poder não congele em domínio, para que ele permaneça um jogo aberto.

Não há como contestar que, em relação a uma lógica do poder, a relação de poder pressupõe uma liberdade mínima. Assim, não há relação de poder com uma coisa passiva que não resiste. Foucault, no entanto, usa o conceito de "liberdade" em um sentido enfático. A liberdade que ele une com a ocorrência do poder vai muito além da mínima que o poder pressupõe. Ele une a ocorrência de poder com a "práxis da liberdade" que pressupõe uma "libertação" de uma "moral coercitiva"[204]. É pouco precisa a *passagem silenciosa de Foucault da liberdade como pressuposto estrutural da relação de poder para uma ética da liberdade*. Foucault utiliza a liberdade como elemento estrutural da relação de poder implicitamente

---

203 Ibid., p. 25.

204 Ibid., p. 11.

em uma qualidade *ética*. Esta, no entanto, não é inerente ao poder como tal. Nessa passagem bastante frágil da lógica do poder para a ética do poder, Foucault introduz uma diferença entre poder e domínio.

É muito vago o conceito de poder de Foucault que consiste em "práticas da liberdade"[205]. Claramente Foucault procura reunir poder e liberdade. Ao contrário de Hegel, contudo, que se orienta, em sua ideia de "poder livre", pela mediação e reconciliação, Foucault conceitua a ocorrência de poder sempre como uma luta. Ele a converte ou reduz, aliás, a uma competição aberta que carece da *ponta do domínio*. Desse modo, restringe o poder a um ar lúdico. Esse conceito de poder é muito artificial, distanciando-se, assim, da ocorrência real do poder.

Nos anos de 1980, a ideia de liberdade do pensamento de Foucault era dominante. Seu novo conceito de poder também é afetado por essa ênfase na liberdade. A ética é, para Foucault, uma "práxis da liberdade". A liberdade

---

[205] Ibid.

é a "condição ontológica da ética"[206]. Foucault refere-se à práxis antiga do cuidado de si que deveria tratar-se de "estabelecer uma autorreferência de si fechada e completa"[207], ou seja, que deveria tratar-se da autonomia e da posse de si. Esse cuidado de si em que vigora a liberdade implica o cuidado do uso correto do poder. O mal uso do poder resulta, segundo essa ética, em que nos tornamos "escravos de nossos desejos". Ele incorre na perda de liberdade que "escraviza a si mesmo através de si": "A atitude do indivíduo para consigo mesmo, o modo e a forma na qual preserva sua própria liberdade perante seus desejos, a soberania exercida sobre si, são um elemento constitutivo da felicidade e da boa ordem da *polis*"[208]. Partindo do pensamento greco-romano, Foucault une com a práxis do cuidado de si a capacidade de se lidar corretamente com o poder. O "perigo de dominar o outro e de exercer um

---

[206] Ibid., p. 12.

[207] Ibid., p. 48.

[208] FOUCAULT, M. *Der Gebrauch der Lüste* – Sexualität und Wahrheit 2 [O uso dos prazeres – Sexualidade e verdade 2]. Frankfurt a. M., 1989, p. 105.

poder tirânico sobre ele" leva, assim, a perceber "que não se cuidou de si mesmo e que se tornou escravo de seus desejos"[209]. Assim, é preciso "fugir do círculo entre a autoridade tirânica (sobre os outros) e a alma tiranizada (pelos seus desejos)". A "autoridade perfeita sobre si" é o "princípio regulatório interno" do exercício de poder político. Foucault cita, assim, Platão: "A maior realeza é ser rei de si mesmo (*basilikótatos basilieúon hautû*)"[210].

Aqui é problemático a suposição de uma relação entre o exercício de um poder tirânico e o da alma tiranizada pelos desejos. O domínio de si perfeito ou a "autoridade sobre si" não excluem fundamentalmente o domínio violento. O cuidado de si pode se mostrar completamente longe do cuidado dos outros. A ligação de finalidade entre o cuidado de si e o cuidado dos outros ocorre apenas a partir do cálculo de que o bem-estar dos outros, no fim das contas, serve ao meu próprio bem-estar.

---

209 FOUCAULT, M. *Freiheit und Selbstsorge...* Op. cit., p. 16.
210 FOUCAULT, M. *Der Gebrauch der Lüste...* Op. cit., p. 107.

Para além dessa circularidade de troca econômica, a ética do *self* não pode incluir os outros no horizonte do *self*. Está longe de diferenciar poder e violência. Ela não é capaz de nenhuma *mediação*. O poder, em oposição, deve ser *implicado* nos outros para se instalar em suas *almas*, para se tornar indestrutível. Ao poder é inerente também o cuidado da *mediação*. Ela nunca é cega. A tirania cega de mediações, ao contrário, desestabiliza o poder.

O cuidado de si é elevado, em Foucault, a um princípio ético, no qual se lhe atribui uma primazia do cuidado dos outros: "Não se deve pôr o cuidado dos outros antes do cuidado de si; visto eticamente, o cuidado de si vem antes na medida em que a autorreferência está em primeiro lugar ontologicamente"[211]. Deveríamos pressupor então, sem mais, a continuidade entre ética e ontologia? Não consiste a diferença entre ética e ontologia justamente em que na ética *está em questão* a prioridade da autorreferência? Não seria inerente ao ético em sentido enfático a tentativa de pôr em

---

211 FOUCAULT, M. *Freiheit und Selbstsorge...* Op. cit., p. 15.

questão tais ontologias que põem em primeiro lugar a autorreferência?

A ética do poder de Foucault baseia-se em uma ética do cuidado de si. Ao estar orientada para o *self*, não é capaz de deixar descoberto os espaços que ultrapassam a intencionalidade do poder, ou seja, o retorno a *si*[212]. O poder é, ele mesmo, um fenômeno do *self* ou da subjetividade. A ética do poder de Foucault não se abre para o *outro do poder* que produziria uma contrapartida para o retorno de *si*. Ela não pode, além disso, gerar a bondade que deixa ver justamente o que não aparece no interior do *orçamento* do cuidado de si.

É interessante que Foucault persista no paradigma da posse de si. É evidente que ele considera-se responsável pela cultura europeia "na qual sempre se procura novamente a restauração de uma ética e de uma estética de si"[213]. A essa tradição, Foucault soma Nietz-

---

[212] Se Foucault define o poder como a tentativa de determinar a relação do outro, o que significa não outra coisa do que estar em *si mesmo* no outro ou voltar a *si mesmo* no outro, então ele reconhece o caráter ipsocêntrico do poder.

[213] FOUCAULT, M. *Freiheit und Selbstsorge*... Op. cit., p. 54.

sche ao lado de Montaigne, Baudelaire e Schopenhauer. A filosofia do poder de Nietzsche vai ao encontro, é evidente, de uma ética e estética do *self*. Mas ao mesmo tempo ela desenvolve uma dinâmica ou dialética que conduz para fora de si em direção ao poder.

Estamos tão longe, reclama Nietzsche, contra nós, na verdade! A vida seria *"essencialmente apropriação, violação, sujeição de tudo aquilo que é estranho e fraco, opressão, rigidez, imposição das próprias formas, assimilação, ou pelo menos, na sua forma mais suave, um aproveitamento"*[214]. A exploração não pertence a uma "sociedade primitiva e deteriorada ou imperfeita". Como "função orgânica fundamental", ela pertence à "essência da vida". Ela é uma "consequência da autêntica vontade de poder que é vontade de viver". Todo corpo vivo quer "crescer, expandir-se, aumentar, ganhar peso", e "não por alguma moralidade ou imoralidade, mas porque ele *vive*, e porque viver é vontade de poder".

---

214 NIETZSCHE, F. *Jenseits von Gut und Böse*. Op. cit. KSA 5, p. 207ss.

Exercer poder significa aqui *se* impor sobre os outros, crescer mais do que os outros, proliferar mais, ou seja, *se continuar* nos outros ou pelos outros fixar uma continuidade, uma *continuidade do self*. O poder é propriamente um *se*-querer. Do poder poderia ser gerada nenhuma contrapartida a essa intencionalidade do *se*-querer, nenhum uso dos outros que não fosse ao mesmo tempo retorno a *si*, portanto, nenhum cuidado dos outros que virasse um cuidado de *si*. O poder está vinculado a essa referência a si e prazer de si constantes, a esse retorno constante a si: "A sensação de poder, primeiro conquistadora, depois dominante (organizadora) – regula o superado para sua própria conservação, *conservando, assim, o próprio superado*"[215].

Nietzsche reserva o poder não somente para as relações humanas. Ao contrário, ele se eleva a princípio da vida em geral. Já os protozoários aspiram ao poder: "Tomemos o caso mais fácil da alimentação primitiva: o protoplasma estende seus pseudopódios para

---

[215] Friedrich Nietzsche, 1880-1882. Op. cit. KSA 9, p. 550.

procurar por algo que se lhe oponha – não faz isso por fome, mas por vontade de poder"[216]. A verdade também é interpretada como um fenômeno do poder. Ela é uma ótica que o poderoso faz os outros incorporarem como o seu próprio, de modo a se continuar. É um meio de dominação. A beleza também é consequência da economia do poder: "Cruel desenvolvimento das formas: os mais belos são apenas os mais fortes: como vencedores, se mantêm, tornando seu tipo feliz e se reproduzindo"[217]. O poder garante a reprodução de um tipo. Com isso, produz uma continuidade. Também o filósofo aspira a continuar sua própria ótica para *se* continuar. É assim que Nietzsche interpreta a crença de Platão "de que mesmo a filosofia seria um tipo sublime de instinto sexual e testemunhal"[218].

"Conquista", "aproveitamento" ou "violação" fazem parte, portanto, da "essência da vida". Refletem a vontade de poder que anima

---

[216] Friedrich Nietzsche, 1887-1889. Op. cit. KSA 13, p. 360.
[217] Friedrich Nietzsche, 1884-1885. Op. cit. KSA 11, p. 700.
[218] Ibid.

a vida. Cada ser vivo quer crescer, se propagar, aumentar. Do ponto de vista dessa vontade de poder universal, onipotente, se coloca a difícil questão: De onde vem, pois, a "relutância de tudo que é por demais vivo", característica do "*descanso* da alma forte?"[219] Nietzsche claramente não reduz o poder à forma negativa da exploração ou da opressão. Ao contrário, ele o mescla com outras qualidades que modificam radicalmente suas caraterísticas. Assim, fala da "justiça" como "função de um poder que olha vastamente ao redor"[220]. O poder repressivo ou explorador também pode, sem dúvida, olhar vastamente ao redor. Mas, enquanto permanecer ipsocêntrico, a vastidão da visão geral valerá, no fim das contas, apenas para o *self*. A vastidão no olhar é tomada, desse modo, apenas em consequência do alargamento do círculo do *self*. O poder pode, então, apenas olhar para fora de seus domínios *pela vastidão, ao redor das coisas que vivem nessa vastidão, se for tocado por alguma coisa que não seja poder,*

---

219 Friedrich Nietzsche, 1885-1887. Op. cit. KSA 12, p. 290.
220 Friedrich Nietzsche, 1884-1885. Op. cit. KSA 11, p. 188.

que não gire em torno de si mesmo. Assim, a justiça, com sua "objetividade elevada, clara e também profunda do olhar justo"[221], não é mero efeito do poder. Seus "olhos prudentes"[222], que se dirigem também ao pequeno e ao fugaz, não são os olhos do poder. O poder não conhece tal "emoção *sutil*"[223] de uma bondade do olhar justo. Mesmo uma qualidade *extrínseca* que não pudesse ser calculada pelo poder empoderaria o poder aumentando, alargando, agradando seu olhar.

A justiça produz, em particular, um movimento oposto à estrutura de reunião do poder. Ao poder é inerente o *sentido ao um*. Assim, não provém dele bondade perante o múltiplo, à multiplicidade que estão ao redor ou à deriva. A justiça quer, ao contrário, "dar a parte

---

221 NIETZSCHE, F. *Zur Genealogie der Moral*. Op. cit. KSA 5, p. 310.

222 Friedrich Nietzsche. Menschliches, Allzumenschliches I und II [Humano, demasiado humano I e II]. In: NIETZSCHE, F. *Sämtliche Werke* – Kritische Studienausgabe [Obras reunidas – Edição crítica para estudo]. KSA 2 (Vol. 2). 2. ed. Munique/Berlim/Nova York, 1988, p. 361 [Org. por Giorgio Colli e Mazzino Montinari].

223 Friedrich Nietzsche, 1880-1882. Op. cit. KSA 9, p. 211.

devida a cada um, esteja este vivo ou morto, real ou pensado"[224]. Ela não é nem ipsocêntrica, nem *cêntrica*. Além disso, Nietzsche a descreve como "adversária das convicções". O justo ouve mais das coisas do que de *si*. A previsão da convicção é, ao mesmo tempo, uma previsão de *si*. É válido, portanto, agir em prol de ouvir mais as coisas, de vê-las mais, para além da convicção momentânea na qual sempre há uma convicção-de-si. O justo abstém-se de seu juízo que vem *sempre cedo demais*. O juízo seria já uma traição ao outro: "*Rara abstinência* – geralmente não é pouco sinal de humanidade querer não julgar o outro e se negar a pensar nele"[225]. Pratica-se justiça na medida em que se suspende suas convicções, de suas opiniões sobre os outros na medida em que se *ouve, se escuta*, na medida em que se abstém de seu juízo, ou seja, *de si mesmo*. Pois

---

[224] Friedrich Nietzsche. Menschliches, Allzumenschliches I und II. Op. cit. KSA 2, p. 361.

[225] Friedrich Nietzsche. Morgenröte [Aurora]. In: NIETZSCHE, F. *Sämtliche Werke* – Kritische Studienausgabe [Obras reunidas – Edição crítica para estudo]. KSA 3 (Vol. 3). 2. ed. Munique/Berlim/Nova York, 1988, p. 303 [Org. por Giorgio Colli e Mazzino Montinari].

o eu vem *sempre cedo demais* em detrimento do outro. Do poder como tal, tal abstinência tão singular não pode vir. A *hesitação* não lhe é própria. O poder como tal nunca se recusa a julgar o outro ou a pensar sobre ele. Ao contrário, consiste de juízos e convicções.

Mesmo o "poder que olha vastamente ao redor", ou seja, o poder com "olhos prudentes", pode *localizar* sem produzir sem-lugar. Ele se funda assim em um lugar *justo* que dá "o seu a cada um". Nietzsche não se dá por satisfeito com essa justiça. Tem em vista claramente uma bondade ilimitada, sem diferença a tudo que saúda: "[...] todos os que mudam, vagueiam, procuram, fogem, sejam bem-vindos! Hospitalidade é agora minha única amizade!"[226] Essa hospitalidade singular dá "a cada um" *mais do que o que lhes cabe*. Nisso se diferencia o *lugar hospitaleiro* do lugar justo. O lugar em Heidegger é, nessa medida, também um lugar justo ao "transparecer e transluzir a reunião, liberando *sua* essência". Mas não pode desenvolver a hospitalidade ilimitada que também afirma o que ficaria fora da "reunião".

---

226 Friedrich Nietzsche, 1882-1884. Op. cit. KSA 10, p. 88.

Em *Aurora*, Nietzsche opõe ao amor ao próximo cristão uma bondade aristocrática: "*Um outro amor ao próximo*: O ser agitado, ruidoso, desigual, nervoso, é o oposto da grande paixão: esta, instalada no fundo do homem como um braseiro silencioso e sombrio, acumulando aí todo o calor e toda a impetuosidade, permite ao homem contemplar o mundo exterior com frieza e indiferença e imprime aos traços certa impassibilidade. Homens assim são bem capazes de manifestar ocasionalmente *amor ao próximo* – mas esse amor é de outra natureza que aquele das pessoas sociáveis e desejosas de agradar: ele se afirma numa *doce bondade, contemplativa e calma*. Esses homens olham de algum modo do alto de sua torre, que é sua fortaleza e, por isso mesmo, sua prisão – Como lhes faz bem lançar o olhar para fora, para o que é estranho e outro!"[227] Nietzsche delimita essa bondade aristocrática[228],

---

227 Friedrich Nietzsche. Morgenröte. Op. cit. KSA 3, p. 282 [Destaque de B.-C. Han].

228 Essa bondade aristocrática ainda não saúda a todos de maneira indiferente. Cf. Friedrich Nietzsche, 1887-1889. Op. cit. KSA 13, p. 9: "alegrar-se com homens e conservar

na qual o eu ainda seria um prisioneiro de si mesmo, com uma hospitalidade incondicional, que não conhece mais "impassibilidade", fortaleza, ou prisão do eu. É um discurso de uma "perigosa negligência", de uma "negligência da alma entregue que nunca *esforçou-se* pelos amigos, mas que conhece apenas a hospitalidade, que sempre exerce a hospitalidade e sabe como exercê-la – Coração e lar abertos para qualquer um que queira entrar, seja pedinte, aleijado ou rei"[229]. Essa hospitalidade incondicional opõe-se à bondade que vê no amigo um "segundo eu"[230]. É, desse modo, uma "negligência perigosa", pois não é *práxis do cuidado de si*, já que não cuida nunca de si mesmo.

A partir da economia ipsocêntrica do poder não se pode esclarecer por que o olhar ao estranho, ao outro, faça tão bem a tão pode-

---

a casa aberta para seus corações: isso é liberal, não nobre. Reconhece-se os corações que são capazes da hospedagem nobre, nas diversas impostas e terras fechadas: eles mantêm livres o menos possível seus *melhores* lugares, esperam hóspedes, com os quais *não* se pode alegrar-se..."

229 Friedrich Nietzsche, 1885-1887. Op. cit. KSA 12, p. 67.

230 Cf. ARISTÓTELES. *Nikomachische Ethik* [Ética a Nicômaco]. Hamburgo, 1985, p. 217 [Org. de Günther Bien].

roso senhor do castelo. Esse olhar não está alimentado pela intenção de uma conquista. É do mesmo modo incapaz de esclarecer por que o poderoso experimenta sua própria fortaleza como uma prisão. O que o incita, pois, a olhar para fora de si, em direção ao outro, a abrir totalmente seus olhos ao estranho? O que motiva o poderoso, a partir da bondade aristocrática, a uma bondade não diferenciante, incondicional, assimétrica?[231] Como um

---

231 A bondade ilimitada também se opõe à bondade comunicativa, baseada no princípio da troca. A bondade enquanto "técnica" comunicativa é, na verdade, a "capacidade de adiar a expressão de uma opinião ou prognóstico até que o momento certo chegue". O tempo da espera é "preenchido, com isso, proveitosamente, já que se chega à representação do outro". A bondade comunicativa é orientada pelo "princípio da colocação correta no tempo das próprias expectativas sob proteção da autorrepresentação do outro". Ela serve, falando sistematicamente, à "adaptação exterior elástica dos sistemas formais" (LUHMANN, N. *Funktionen und Folgen formaler Organisation* [Funções e consequências da organização formal]. 4. ed. Berlim, 1995, p. 361s. Um "sistema" é "bondoso" quando ajuda um outro a fazer uma *boa figura*, ou seja, a realizar uma autorrepresentação exitosa. O outro deve "lidar [com a 'bondade'] tal como ele queira aparecer". A bondade como tato é "uma relação com a qual A se representa como aquele que B precisa como parceiro para poder ser aquele que ele gostaria de representar perante A" (LUHMANN, N. *Rechtssoziologie* [Sociologia do direito]. 4. ed. Opladen, 1987, p. 34). A bondade comunicativa como *técnica*, portanto, não tem uma estru-

poder ipsocêntrico pode criar desde si todas essas bondades, esse para-os-outros?

Nietzsche conduz a bondade de modo problemático de volta ao poder, a saber, o "poder que quer se exceder"[232]. A generosidade é "um estímulo produzido por seu caráter supérfluo de potência"[233]. Igualmente, a veia ipsocêntrica do poder não é posta em questão. O traço essencial dessa moral do poderoso é justamente a "autoglorificação"[234]. Mas pode-se fundar de fato aquela "consciência de uma riqueza que pode ser dada e entregue" na "autoglorificação"? A intencionalidade que lhe fundamenta irá se apropriar novamente de tal doação. Na doação como expressão de seu poder, é a *si* que o poderoso agrada. A dádiva é,

---

tura assimétrica. A bondade *opera* no momento certo em que lança no campo de troca comunicativo suas próprias expectativas ou opiniões, ou seja, *si mesmo*. O ouvinte passivo ou ativo que ajuda o outro em sua autorrepresentação exitosa é aceito, assim, como desvio da própria representação. A bondade comunicativa é, portanto, um ato de troca, que é suportado pelo cuidado de si.

232 NIETZSCHE, F. *Jenseits von Gut und Böse*. Op. cit. KSA 5, p. 209.

233 Ibid., p. 210.

234 Friedrich Nietzsche, 1882-1884. Op. cit. KSA 10, p. 508.

nesse sentido, uma afirmação suprema do poder e do *self* do poderoso. Doando, ele desfruta de *si mesmo*. Contudo, esse desfrutar de si faz com que seja impossível "exceder". É o *self* que é *supérfluo*. Justamente a impossibilidade do retorno a si caracteriza esse *super*.

Nietzsche opõe a nobreza [*Vornehmen*] à "plebe" e ao "tirano": "Por isso, ó meus irmãos, é necessário ter uma *nova nobreza*, que seja inimiga de toda plebe e toda tirania e novamente escreva a palavra 'nobre' em novas tábuas"[235]. Aqui, Nietzsche realiza [*nimmt vor*] uma diferença entre o poder aristocrático e o poder tirânico. Mas ela pressupõe que o poder como tal não seja nobre. Não faz parte dos efeitos do poder que o poderoso se dispa de sua vulgaridade popular e se envolva com uma aura de elegância nobre [*Vornehmheit*]. O poder não permite que *de si mesmo* seja erigido um estado de "excesso supérfluo" que caracteriza a nobreza. Graças à *cobiça* inerente ao poder,

---

[235] NIETZSCHE, F. *Also sprach Zarathustra* [Assim falou Zaratustra]. In: NIETZSCHE, F. *Sämtliche Werke* – Kritische Studienausgabe [Obras reunidas – Edição crítica para estudo]. KSA 4 (Vol. 4). 2. ed. Munique/Berlim/Nova York, 1988, p. 254 [Org. por Giorgio Colli e Mazzino Montinari].

ele nunca poderá provocar uma "sensação de abundância". A abundância ou o excesso supérfluo não surgem simplesmente pela acumulação do poder. O poder possivelmente nunca estará livre de uma sensação de escassez.

Apenas o poder, mesmo que "supérfluo", não permite que a alma siga à deriva naquela "negligência perigosa" que "conhece apenas a hospitalidade". Em razão de sua natureza ipsocêntrica, ele não é capaz dessa hospitalidade ilimitada que abra a casa para "qualquer um". Nietzsche sabe muito bem, aliás, qual o custo para se conseguir a hospitalidade que se segue da economia do *self*: "HOSPITALIDADE – O sentido que se deve conferir aos usos da hospitalidade é: paralisar no estranho a inimizade. Onde não se pressinta mais nele, antes de tudo, o inimigo, a hospitalidade regride; ela floresce à medida que florescem as más suposições"[236].

---

236 Friedrich Nietzsche. Morgenröte. Op. cit. KSA 3, p. 228. Hobbes explica a generosidade também de modo econômico. Cf. HOBBES, T. *Leviathan*... Op. cit., p. 69: "A riqueza ligada à generosidade também é um poder, pois pode assegurar um amigo ou servo. Sem a generosidade não é possível, pois nesse caso não se protege os homens, mas os torna alvo da inveja alheia".

A bondade não é uma propriedade intrínseca ao poder. O poder, ao contrário, deve ter sido *tocado por algo* que *não ele mesmo* para que *medeie para além das suas mediações possíveis*. A bondade também é uma mediação, ainda mais, é uma forma intensiva de mediação. Mas falta-lhe a intencionalidade do poder, ou seja, a "ponta" da *subjetividade*. O *bom lugar* se diferencia do lugar do poder ao não perceber exclusivamente o isolado ou os *que estão ao redor* desde a continuidade do um, ao deixar iluminar também em seu *ser-assim*. A bondade localiza para além da localização relativa ao poder. Não cria, com isso, um *sem-lugar*. Ao contrário, sua *localização* é aquela que, antes dela, o poder nunca estará totalmente seguro.

Também ali onde o poder se exterioriza em seu caráter "supérfluo" como "hospitalidade" incondicional, ele se limita pelo *outro do poder*. Ele tornou-se uma espécie de superpoder que contém uma autossuperação *do poder* singular. Dela provém aquela doação ilimitada que não pode mais ser assenhorada do retorno a *si*, do querer-*se*, aquela doação ilimitada que ao mesmo tempo *acontece inconsciente e desinteressadamente*, uma bondade ilimitada, que existe já *antes* do cuidado dos outros, *antes* de qualquer para-os-outros empático.

Nietzsche está atento para escutar onde, nessa estranha filosofia da "vontade de poder", o outro do poder e da vontade é invocado: "Lá fora da janela já o outono, rico de ideias, em sua luz solar clara e terna, o outono nórdico que eu amo tanto quanto meu melhor amigo, pois ele é tão maduro e, sem querer, inconsciente. O fruto cai da árvore, sem lufada de vento. [...] Silenciosamente ele cai, e alegre. Não deseja nada para si e dá tudo de si"[237]. Aqui é evocado um *aí* que, sem querer, é inconsciente, que é altruísta, sem *nomes*[238] e sem

---

[237] NIETZSCHE, F. Brief an F. Rhode vom 7. Oktober 1869 [Carta a F. Rhode, de 7 de outubro de 1869]. In: NIETZSCHE, F. *Briefwechsel* – Kritische Gesamtausgabe [Trocas de cartas – Edição crítica integral]. Berlim, 1977, p. 61ss. [n. 2: 1869-1879; vol. 1: Briefe April 1869-Mai 1872 [Cartas abril 1869-maio 1872] [Org. de Renate Müller-Buck et al.].

[238] Sem *nomes* não se forma poder. "Deus" é *o nome por excelência*. *Ninguém* não tem poder. Poder é um *fenômeno de alguém*. Cf. Friedrich Nietzsche. Morgenröte. Op. cit. KSA 3, p. 279: "Há uma tal falta de generosidade no fato de representar incessantemente o papel daquele que dá e

anseio. A filosofia da "vontade do poder" de Nietzsche que, para Foucault, seria uma "ética e estética do *self*", leva a uma *nemologia*, a uma ética e estética de *ninguém*, uma *bondade* desinteressada, *sem querer*[239]. Nietzsche deve ter sempre ouvido aquela voz divina que lhe solicitava a *se* doar, a *se* esvaziar, para *ninguém*:

"Queria dar, queria doar o que lhe é supérfluo, mas tu mesmo és o mais supérfluo!
Sê astuto, ó rico!
Doe a si mesmo, Zaratustra!"[240]

---

difunde seus benefícios, mostrando-se em toda parte! Mas dar e derramar benefícios, ocultando tanto o nome como o favor! Ou não ter nome algum, como a natureza cega que nos reconforta antes de tudo porque não encontramos mais nela, enfim!, alguém que dê e derrame seus benefícios, alguém de 'rosto benevolente'! – É verdade que vocês nos estragam também esse reconforto porque colocaram um deus nessa natureza – e eis que tudo volta a ser sem liberdade e cheio de opressão".

239 A ética de uma bondade sem intenção conhece a *naturalidade*, a *serenidade* ou *ninguendade* na qual cai uma fruta, "sem querer e inconsciente" e contente, embora de maneira oposta à ética de Lévinas, na qual a ênfase no "para-os-outros" leva à *serenidade*.

240 Friedrich Nietzsche. Dionysos-Dithyramben [Ditirambos dionisíacos]. In: NIETZSCHE, F. *Sämtliche Werke* – Kritische Studienausgabe [Obras reunidas – Edição crítica para estudo]. KSA 6 (Vol. 6). 2. ed. Munique/Berlim/Nova York, 1988, p. 409 [Org. por Giorgio Colli e Mazzino Montinari].

Referências

AGAMBEN, G. *Homo sacer* – Die souveräne Macht und das nackte Leben. Frankfurt a. M., 2002.

ARENDT, H. *Vita activa oder Vom tätigen Leben*. Munique, 1981.

_____. *Macht und Gewalt*. Munique, 1970.

BACHRACH, P. & BARATZ, M.S. Two Faces of Power. In: *The American Political Science Review*, 56, 1962 p. 947-952.

BATAILLE, G. *Theorie der Religion*. Munique, 1997 [Org. e epílogo de Gerd Bergfleth].

BECK, U. *Macht und Gegenmacht im globalen Zeitalter* – Neue weltpolitische Ökonomie. Frankfurt a. M., 2002.

BERLE, A.A. *Macht* – Die treibende Kraft der Geschichte. Hamburgo, 1973.

BOURDIEU, P. Die männliche Herrschaft. In: DÖLLING, I. & KRAIS, B. (eds.). *Ein alltägliches Spiel* – Geschlechterkonstruktion in der sozialen Praxis. Frankfurt a. M., 1997, p. 153-217.

_____. *Satz und Gegensatz* – Über die Verantwortung des Intellektuellen. Berlim, 1989.

_____. *Sozialer Sinn* – Kritik der theoretischen Vernunft. Frankfurt a. M., 1987.

_____. *Die feinen Unterschiede* – Kritik der gesellschaftlichen Urteilskraft. Frankfurt a. M., 1982.

_____. *Die politische Ontologie Martin Heideggers*. Frankfurt a. M., 1976.

BURCKHARDT, J. *Weltgeschichtliche Betrachtungen*. Stuttgart, 1987.

BUTLER, J. *Psyche der Macht* – Das Subjekt der Unterwerfung. Frankfurt a. M., 2001.

CANETTI, E. *Masse und Macht*. Hamburgo, 1960.

DERRIDA, J. *Schurken* – Zwei Essays über die Vernunft. Frankfurt a. M., 2003.

DEAN, M. *Governmentality* – Power and Rule in Modern Society. Londres, 2001.

FOUCAULT, M. Das Subjekt und die Macht. In: DREYFUS, H.L. & RABINOW, P. *Michel Foucault* – Jenseits von Strukturalismus und Hermeneutik. Weinheim, 1994, p. 241-261.

_____. *Der Gebrauch der Lüste* – Sexualität und Wahrheit 2. Frankfurt a. M., 1989.

_____. *Freiheit und Selbstsorge* – Interview 1984 und Vorlesung 1982. Frankfurt a. M., 1985 [Org. de Helmut Becker].

_____. *Dispositive der Macht* – Über Sexualität, Wissen und Wahrheit. Berlim, 1978.

_____. *Der Wille zum Wissen* – Sexualität und Wahrheit 1. Frankfurt a. M., 1977.

_____. *Überwachen und Strafen* – Die Geburt des Gefängnisses. Frankfurt a. M., 1976.

_____. *Mikrophysik der Macht: Über Strafjustiz* – Psychiatrie und Medizin. Berlim, 1976.

FRENCH, M. *Jenseits der Macht*: Frauen, Männer und Moral. Reinbek, 1985 [Trad. de Cornelia Holfelder-von der Tann].

GÖHLER, G. *Institution - Macht - Repräsentation* – Wofür politische Institutionen stehen und wie sie wirken. Baden-Baden, 1997.

GÖHLER, G. (ed.). *Macht der Öffentlichkeit – Öffentlichkeit der Macht*. Baden-Baden, 1995.

GREVEN, M.T. (ed.). *Macht in der Demokratie – Denkanstösse zur Wiederbelebung einer klassischen Frage in der zeitgenössischen Politischen Theorie*. Baden-Baden, 1991.

HABERMAS, J. *Philosophisch-politische Profile* – Erw. Ausg. Frankfurt a. M., 1981.

_____. *Legitimationsprobleme im Spätkapitalismus*. Frankfurt a. M., 1973.

HAN, B.-C. *Tod und Alterität*. Munique, 2002.

_____. *Philosophie des Zen-Buddhismus*. Stuttgart, 2002.

_____. *Todesarten*. Munique, 1998.

HANDKE, P. *Versuch über die Müdigkeit*. Frankfurt a. M., 1992.

HEGEL, G.W.F. *Werke in zwanzig Bänden*. Frankfurt a. M., 1970 [Org. de Eva Moldenhauer e Karl Markus Michel].

HEIDEGGER, M. *Sein und Zeit*. 17. ed. Tübingen, 1993.

_____. *Gesamtausgabe*. Frankfurt a. M., 1975ss.

_____. *Wegmarken*. Frankfurt a. M., 1967.

_____. *Unterwegs zur Sprache*. Pfullingen, 1959.

HINDESS, B. *Discourses of Power* – From Hobbes to Foucault. Oxford, 1996.

HOBBES, T. *Leviathan*. Hamburgo, 1996 [Trad. de Jutta Schlösser].

HONDRICH, K.O. *Theorie der Herrschaft*. Frankfurt a. M., 1973.

HONNETH, A. *Kritik der Macht* – Reflexionsstufen einer kritischen Gesellschaftstheorie. Frankfurt a. M., 1985.

IMBUSCH, P. (ed.). *Macht und Herrschaft* – Sozialwissenschaftliche Konzeptionen und Theorien. Opladen, 1998.

KANTOROWICZ, E.H. *Die zwei Körper des Königs* – Eine Studie zur politischen Theologie des Mittelalters. Munique, 1990.

KELLY, M. (ed.). *Critique and Power* – Recasting the Foucault/Habermas Debate. Cambridge, Mass./Londres, 1994.

KNEER, G. *Rationalisierung, Disziplinierung und Differenzierung* – Sozialtheorie und Zeitdiagnose bei Habermas, Foucault und Luhmann. Opladen, 1996.

LEMKE, T. *Eine Kritik der politischen Vernunft* – Foucaults Analyse der modernen Gouvernementalität. Berlim/Hamburgo, 1997.

LÉVINAS, E. *Jenseits des Seins oder anders als Sein geschieht*. Friburgo/Munique, 1992.

LIKERT, R. *Neue Ansätze der Unternehmensführung*. Berna/Stuttgart, 1972.

LUHMANN, N. *Funktionen und Folgenformaler Organisation*. 4. ed. Berlim, 1995.

_____. *Soziologische Aufklärung 4* – Beiträge zur funktionalen Differenzierung der Gesellschaft. Opladen, 1987.

_____. *Rechtssoziologie*. 3. ed. Opladen, 1987.

_____. *Soziologische Aufklärung 1* – Aufsätze zur Theorie sozialer Systeme. 5. ed. Opladen, 1984.

_____. Macht und System – Ansätze zur Analyse von Macht in der Politikwissenschaft. In: *Universitas* – Zeitschrift für Wissenschaft, Kunst und Literatur, 5, 1977, p. 473-482.

_____. *Macht*. Stuttgart, 1975.

_____. Klassische Theorie der Macht – Kritik ihrer Prämissen. In: *Zeitschrift für Politik*, 2, 1969, p. 149-170.

MACHIAVELLI, N. *Der Fürst*. 6. ed. Stuttgart, 1978 [Trad. e org. de Rudolf Zorn].

MANN, M. *Geschichte der Macht* – Vol. 2: Vom Römischen Reich bis zum Vorabend der Industrialisierung. Frankfurt a. M./Nova York 1991.

_____. *Geschichte der Macht* – Vol. 1: Von den Anfängen bis zur Griechischen Antike. Frankfurt a. M./Nova York, 1990.

MILLER, P. *Domination and Power*. Londres/Nova York, 1987.

MORGAN, I. *Power and Politics*. Londres, 1999.

MORRIS, P. *Power* – A Philosophical Analysis. Manchester, 1987.

NIETZSCHE, F. *Sämtliche Werke* – Kritische Studienausgabe. Vol. 15. 2. ed. Munique/Berlim/Nova York, 1988 [Org. de Giorgio Colli e Mazzino Montinari].

_____. *Briefwechsel* – Kritische Gesamtausgabe. Berlim, 1977 [Org. de Renate Müller-Buck et al.] [Kritische Gesamtausgab, vol. 2,1].

PARSONS, T. *Zur Theorie der sozialen Interaktionsmedien* – Mit einer Einl. Opladen, 1980 [Org. de Stefan Jensen].

PLESSNER, H. *Macht und menschliche Natur* – Gesammelte Schriften. Frankfurt a. M., 1981 [Org. de Günter Dux] [Gesammelte Schriften, vol. 5].

POPITZ, H. *Phänomene der Macht* – Autorität, Herrschaft, Gewalt, Technik. Tübingen, 1986.

PTASSEK, P. *Macht und Meinung* – Die rhetorische Konstitution der politischen Welt. Göttingen 1992.

RÖTTGERS, K. *Spuren der Macht*. Friburgo/Munique 1990.

RUSSELL, B. *Macht* – Eine sozialkritische Studie. 2. ed. Viena/Zurique, 1973.

SCHMITT, C. *Gespräche über die Macht und den Zugang zum Machthaber* – Gespräch über den Neuen Raum. Berlim, 1994.

_____. *Politische Theologie* – Vier Kapitel zur Lehre von der Souveränität. 4. ed. Berlim, 1985.

_____. *Der Nomos der Erde im Völkerrecht des Jus Publicum Europaeum*. Berlim, 1950.

SOFSKY, W. *Die Ordnung des Terrors* – Das Konzentrationslager. Frankfurt a. M., 1997.

_____. *Traktat über die Gewalt*. Frankfurt a. M., 1996.

TILLICH, P. Philosophie der Macht. In: ALBRECHT, R. (ed.). *Gesammelte Werke* – Vol. 9: Die religiöse Substanz der Kultur – Schriften zur Theologie der Kultur. Stuttgart, 1967, p. 205-232.

_____. Das Problem der Macht – Versuch einer philosophischen Grundlegung. In: ALBRECHT, R. (ed.). *Gesammelte Werke* – Vol. 2: Christentum und soziale Gestaltung. Stuttgart, 1962, p. 193-208.

WEBER, M. *Wirtschaft und Gesellschaft*. 5. ed. Tübingen, 1976.

ZENKERT, G. Hegel und das Problem der Macht. In: *Deutsche Zeitschrift für Philosophie*, 43, 1995, p. 435-451.

Livros de **Byung-Chul Han** publicados pela Editora Vozes

Sociedade do cansaço
Agonia do Eros
Sociedade da transparência
Topologia da violência
O que é poder?
No enxame – perspectivas do digital
A salvação do belo
Bom entretenimento – uma desconstrução da história da paixão ocidental
Hiperculturalidade – cultura e globalização
Filosofia do Zen Budismo